T0336549

Accès à l'électricité en Afrique subsaharienne

Accès à l'électricité en Afrique subsaharienne

Adoption, fiabilité et facteurs complémentaires d'impact économique

Moussa P. Blimpo et Malcolm Cosgrove-Davies

Ouvrage publié conjointement par l'Agence française de développement et de la Banque mondiale

Collection L'Afrique en développement

Créée en 2009, la collection « **L'Afrique en développement** » s'intéresse aux grands enjeux sociaux et économiques du développement en Afrique subsaharienne. Chacun de ses numéros dresse l'état des lieux d'une problématique et contribue à alimenter la réflexion liée à l'élaboration des politiques locales, régionales et mondiales. Décideurs, chercheurs et étudiants y trouveront les résultats des travaux de recherche les plus récents, mettant en évidence les difficultés et les opportunités de développement du continent.

Cette collection est dirigée par l'Agence française de développement et la Banque mondiale. Pluridisciplinaires, les manuscrits sélectionnés émanent des travaux de recherche et des activités de terrain des deux institutions. Ils sont choisis pour leur pertinence au regard de l'actualité du développement. En travaillant ensemble sur cette collection, l'Agence française de développement et la Banque mondiale entendent renouveler les façons d'analyser et de comprendre le développement de l'Afrique subsaharienne.

Membres du comité consultatif

Agence française de développement
Thomas Melonio, directeur exécutif, direction Innovations, Recherche et Savoirs
Marie-Pierre Nicollet, directrice, département de Valorisation des savoirs sur le développement durable
Sophie Chauvin, responsable, division Édition et Publication
Hélène Djoufelkit, directrice adjointe, département Diagnostics économiques et politiques publiques

Banque mondiale
Albert G. Zeufack, économiste en chef, Région Afrique
Markus P. Goldstein, économiste principal, Région Afrique
Zainab Usman, spécialiste en Développement social, Région Afrique

Afrique subsaharienne

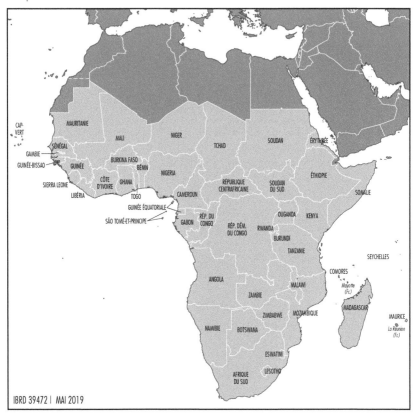

CAP-
VERT

MAURITANIE

MALI NIGER

SÉNÉGAL

GAMBIE

TCHAD SOUDAN ÉRYTHRÉE

GUINÉE-BISSAO

BURKINA FASO

GUINÉE

BÉNIN

CÔTE
D'IVOIRE GHANA

NIGERIA

SIERRA LEONE

LIBÉRIA

TOGO

CAMEROUN

RÉPUBLIQUE
CENTRAFRICAINE

SOUDAN
DU SUD

ÉTHIOPIE

SOMALIE

GUINÉE ÉQUATORIALE

SÃO TOMÉ-ET-PRINCIPE

GABON

RÉP. DU
CONGO

RÉP. DÉM.
DU CONGO

RWANDA

OUGANDA

BURUNDI

KENYA

TANZANIE

SEYCHELLES

COMORES

ANGOLA

ZAMBIE

MALAWI

Mayotte
(Fr.)

MADAGASCAR

MAURICE

NAMIBIE

BOTSWANA

ZIMBABWE

MOZAMBIQUE

La Réunion
(Fr.)

ESWATINI

AFRIQUE
DU SUD

LESOTHO

IBRD 39472 | MAI 2019

Source : Banque mondiale (IBRD 39472, mai 2019).

Titres de la collection
L'Afrique en développement

2019

Electricity Access in Sub-Saharan Africa: Uptake, Reliability, and Complementary Factors for Economic Impact (2019), *Accès à l'électricité en Afrique subsaharienne : adoption, fiabilité et facteurs complémentaires d'impact* économique (2020), Moussa P. Blimpo, Malcolm Cosgrove-Davies

The Skills Balancing Act in Sub-Saharan Africa: Investing in Skills for Productivity, Inclusivity, and Adaptability (2019), Omar Arias, David K. Evans, Indhira Santos

All Hands on Deck: Reducing Stunting through Multisectoral Efforts in Sub-Saharan Africa (2019), Emmanuel Skoufias, Katja Vinha, Ryoko Sato

2018

Realizing the Full Potential of Social Safety Nets in Africa (2018), Kathleen Beegle, Aline Coudouel, Emma Monsalve (éds.)

Facing Forward: Schooling for Learning in Africa (2018), *Perspectives : l'école au service de l'apprentissage en Afrique* (2019), Sajitha Bashir, Marlaine Lockheed, Elizabeth Ninan, Jee-Peng Tan

2017

Reaping Richer Returns: Public Spending Priorities for African Agriculture Productivity Growth (2017), *Obtenir de meilleurs résultats : priorités en matière de dépenses publiques pour les gains de productivité de l'agriculture africaine* (2020), Aparajita Goyal, John Nash

Mining in Africa: Are Local Communities Better Off? (2017), *L'exploitation minière en Afrique : les communautés locales en tirent-elles parti ?* (2020), Punam Chuhan-Pole, Andrew L. Dabalen, Bryan Christopher Land

2016

Confronting Drought in Africa's Drylands: Opportunities for Enhancing Resilience (2016), Raffaello Cervigni and Michael Morris (éds.)

2015

Safety Nets in Africa: Effective Mechanisms to Reach the Poor and Most Vulnerable (2015), *Les filets sociaux en Afrique : méthodes efficaces pour cibler les populations pauvres et vulnérables en Afrique subsaharienne* (2015), Carlo del Ninno, Bradford Mills (éds.)

Land Delivery Systems in West African Cities: The Example of Bamako, Mali (2015), *Le système d'approvisionnement en terres dans les villes d'Afrique de l'Ouest : l'exemple de Bamako* (2015), Alain Durand-Lasserve, Maÿlis Durand-Lasserve, Harris Selod

Enhancing the Climate Resilience of Africa's Infrastructure: The Power and Water Sectors (2015), Raffaello Cervigni, Rikard Liden, James E. Neumann, Kenneth M. Strzepek (éds.)

Africa's Demographic Transition: Dividend or Disaster? (2015), *La transition démographique de l'Afrique : dividende ou catastrophe ?* (2016), David Canning, Sangeeta Raja, Abdo Yazbech

The Challenge of Fragility and Security in West Africa (2015), Alexandre Marc, Neelam Verjee, Stephen Mogaka

Highways to Success or Byways to Waste: Estimating the Economic Benefits of Roads in Africa (2015), Ali A. Rubaba, Federico Barra, Claudia Berg, Richard Damania, John Nash, Jason Russ

2014

Youth Employment in Sub-Saharan Africa (2014), *L'emploi des jeunes en Afrique subsaharienne* (2014), Deon Filmer, Louise Fox

Tourism in Africa: Harnessing Tourism for Growth and Improved Livelihoods (2014), Iain Christie, Eneida Fernandes, Hannah Messerli, Louise Twining-Ward

2013

The Political Economy of Decentralization in Sub-Saharan Africa: A New Implementation Model (2013), Bernard Dafflon, Thierry Madiès (éds.)

Empowering Women: Legal Rights and Economic Opportunities in Africa (2013), Mary Hallward-Driemeier, Tazeen Hasan

Les marchés urbains du travail en Afrique subsaharienne (2013), *Urban Labor Markets in Sub-Saharan Africa* (2013), Philippe De Vreyer, François Roubaud (éds.)

Securing Africa's Land for Shared Prosperity: A Program to Scale Up Reforms and Investments (2013), Frank F. K. Byamugisha

2012

Light Manufacturing in Africa: Targeted Policies to Enhance Private Investment and Create Jobs (2012), *L'Industrie légère en Afrique : politiques ciblées pour susciter l'investissement privé et créer des emplois* (2012), Hinh T. Dinh, Vincent Palmade, Vandana Chandra, Frances Cossar

Informal Sector in Francophone Africa: Firm Size, Productivity, and Institutions (2012), *Les entreprises informelles de l'Afrique de l'ouest francophone : taille, productivité et institutions* (2012), Nancy Benjamin, Ahmadou Aly Mbaye

Financing Africa's Cities: The Imperative of Local Investment (2012), *Financer les villes d'Afrique : l'enjeu de l'investissement local* (2012), Thierry Paulais

Structural Transformation and Rural Change Revisited: Challenges for Late Developing Countries in a Globalizing World (2012), *Transformations rurales et développement : les défis du changement structurel dans un monde globalisé* (2013), Bruno Losch, Sandrine Fréguin-Gresh, Eric Thomas White

2011

Contemporary Migration to South Africa: A Regional Development Issue (2011), Aurelia Segatti, Loren Landau (éd.)

L'Économie politique de la décentralisation dans quatre pays d'Afrique subsaharienne : Burkina Faso, Sénégal, Ghana et Kenya (2011), Bernard Dafflon, Thierry Madiès (éds.)

2010

Africa's Infrastructure: A Time for Transformation (2010), *Infrastructures africaines, une transformation impérative* (2010), Vivien Foster, Cecilia Briceño-Garmendia (éds.)

Gender Disparities in Africa's Labor Market (2010), Jorge Saba Arbache, Alexandre Kolev, Ewa Filipiak (éds.)

Challenges for African Agriculture (2010), Jean-Claude Deveze (éds.)

Tous les ouvrages de la collection « L'Afrique en développement » sont accessibles gratuitement sur : https://www.afd.fr/fr/ressources-accueil et https://openknowledge.worldbank.org/handle/10986/2150

Table des matières

Figures

Cartes

Tableaux

Avant-propos

Un accès fiable à l'électricité est la base de toute économie moderne. La révolution numérique l'a rendu encore plus important. Si les nations africaines veulent voir leurs économies se transformer, la question de l'électricité doit être prise à bras le corps. L'accès ne constitue toutefois qu'un début. L'expansion exige également des investissements et, pour cela, les compagnies d'électricité doivent faire des bénéfices. Pourtant, partout dans la région, elles fonctionnent à perte.

Le présent rapport adopte un point de vue plus large sur la question afin de montrer qu'en Afrique, le problème n'est pas l'énergie, mais la pauvreté. Il montre que la fiabilité, l'accessibilité financière et la coordination sont les chaînons manquants entre le fait de rendre les compagnies électriques viables et celui d'élargir leur clientèle. Fiabilité et accessibilité financière vont de pair : les coupures de courant et les baisses de tension sont courantes en Afrique. Une électricité fiable convaincrait les consommateurs que l'électricité est un service pour lequel il vaut la peine de payer, et un plus grand nombre de consommateurs réduirait les coûts de production de l'électricité.

Tel est précisément le point pour lequel le rapport propose des idées pour aller de l'avant. En examinant attentivement les obstacles à l'augmentation de la demande d'électricité par le public, il met en évidence les entraves à l'expansion de la clientèle sur le continent. Parmi celles-ci, citons les revenus irréguliers des ménages, les frais de raccordement élevés (et répétés), les fastidieux processus de raccordement, ainsi qu'une qualité des logements ne satisfaisant pas toujours les exigences requises pour le raccordement au réseau principal.

Les compteurs à prépaiement peuvent être utiles, de même que les modes de paiement flexibles, les tableaux électriques prêts à l'usage et les compteurs intelligents. Mais il ne s'agit là que de simples mesures d'adaptation à des problèmes systémiques. Ce qu'il faut maintenant, c'est s'attaquer aux problèmes eux-mêmes. Le rapport soutient que l'accès à l'électricité ne peut être un objectif isolé, et que l'utilisation *productive* de l'électrification doit être placée au cœur du problème. Cela implique qu'en investissant dans l'électricité, les pays doivent investir en même temps dans d'autres aspects de leurs infrastructures, par exemple en améliorant l'accès aux marchés à l'aide de meilleures routes et en élargissant le crédit aux nouvelles entreprises. De cette manière, l'électricité pourrait dynamiser l'agriculture dans les zones rurales et l'industrie dans les zones urbaines.

La Banque mondiale prend des mesures pour renforcer ce type de coordination intersectorielle, et se concentre sur de grands projets générant des retombées significatives. Les progrès technologiques pourraient bientôt permettre aux systèmes hors réseau de fournir suffisamment d'électricité pour une utilisation productive à un coût nettement inférieur, donnant ainsi aux pays africains la possibilité de sauter les lentes étapes de l'électrification à travers lesquelles les autres continents ont dû passer.

Pour commencer, les politiques doivent évoluer pour que les infrastructures africaines parviennent à attirer davantage d'investissements privés et de partenariats public-privé. La Banque mondiale est prête à accompagner les pays entreprenant les réformes permettant de rendre ces deux objectifs possibles. Le présent rapport montre que pour générer des revenus, créer des emplois et réduire la pauvreté en Afrique, l'électricité doit avant tout faire partie d'un train de mesures. À elle seule, elle pourrait ne pas suffire à changer la donne.

Hafez Ghanem
Vice-président Région Afrique
Banque mondiale
Washington, DC

Makhtar Diop
Vice-président Infrastructures
Banque mondiale
Washington, DC

Remerciements

Cette étude régionale a été préparée par une équipe dirigée par Moussa P. Blimpo (économiste senior, Bureau de l'économiste en chef, Région Afrique et Malcolm Cosgrove-Davies (chef de file mondial, Pratique mondiale énergie et industries extractives, en retraite de la Banque mondiale), sous l'orientation générale d'Albert G. Zeufack, économiste en chef, Région Afrique, Banque mondiale. Parmi les contributeurs aux travaux de recherche de base, citons Justice Tei Mensah (université suédoise des sciences agricoles), Agnieszka Postepska (université de Groningen), Shaun McCrae (*Instituto Tecnológico Autónomo de México*), Jevgenijs Steinbuks (Groupe de recherche sur le développement, l'environnement et l'énergie, Banque mondiale), Samba Mbaye (université Gaston Berger, Sénégal), Michael Minges (consultant, Banque mondiale), Kenneth Opalo (université de Georgetown) et Musiliu Oseni (régulateur, République du Nigeria). L'équipe était composée de Kabir Malik (Pratique mondiale énergie et industries extractives, Banque mondiale), Aly Sanoh (Pratique mondiale pauvreté, Banque mondiale), Subodh Mathur (Pratique mondiale énergie et industries extractives, Banque mondiale), Wilfried A. Kouamé (Bureau de l'économiste en chef, Région Afrique, Banque mondiale), Ruifan Shi (Banque mondiale) et Yanbin Xu (Bureau de l'économiste en chef, Région Afrique, Banque mondiale). L'équipe souhaite remercier Dana Rysankova, Élisa Portale et l'équipe du Cadre multi-niveaux (CMN) de la Banque mondiale pour leur fructueuse collaboration tout au long de l'étude et des processus de collecte des données CMN.

L'équipe a bénéficié des conseils et des contributions des membres de l'équipe élargie, notamment Taryn Dinkelman (Dartmouth College), Kenneth Houangbedji (Agence française de développement), Kelsey Jack (Tufts University) et Elvira Morella (spécialiste senior de l'énergie, Pratique mondiale énergie et industries extractives, Banque mondiale).

L'équipe a tiré profit des orientations du Conseil consultatif, composé de Sudeshna G. Banerjee (responsable de pratique, Pratique mondiale énergie et industries extractives, Banque mondiale), Andrew L. Dabalen (responsable de pratique, Pratique mondiale pauvreté, Banque mondiale), Vivien Foster (chef de file mondial, Pratique mondiale énergie et industries extractives, Banque mondiale), Lucio Monari (directeur, Pratique mondiale énergie et industries extractives, Banque mondiale), Michael Toman (responsable de recherche, Groupe de recherche sur le développement, environnement et énergie, Banque mondiale) et Catherine Wolfram (professeure d'administration des affaires Cora Jane Flood, *Haas School of Business*, université de Californie à Berkeley). L'équipe remercie le Conseil consultatif pour son soutien au présent rapport de recherche.

L'équipe est reconnaissante aux pairs évaluateurs, dont les judicieuses observations ont aidé à améliorer la qualité générale de l'étude : Marianne Fay (économiste en chef, Pratique mondiale développement durable, Banque mondiale), Jörg Peters (Institut Leibniz pour la recherche économique), Michael Toman (responsable de recherche, Groupe de recherche sur le développement, environnement et énergie, Banque mondiale), Fan Zhang (économiste senior, Bureau de l'économiste en chef, Asie du Sud, Banque mondiale) et d'autres évaluateurs anonymes.

À propos des auteurs

Moussa P. Blimpo est économiste senior au Bureau de l'économiste en chef de la Région Afrique (AFRCE) de la Banque mondiale. Avant cela, il était professeur assistant d'économie et d'études internationales à l'université de l'Oklahoma. Ses intérêts de recherche couvrent un éventail de questions liées aux politiques dans les économies africaines. Ses dernières recherches et publications abordent l'accès à l'électricité en Afrique subsaharienne, le rôle des technologies de rupture dans les chances des économies africaines de sauter des étapes, d'aborder les grands défis de développement, et d'acquérir du capital humain. Moussa P. Blimpo est titulaire d'un doctorat en économie de l'université de New York et a passé deux ans comme chercheur postdoctoral à l'Institut de recherche sur les politiques économiques de l'université de Stanford. Il a fondé et dirigé entre 2011 et 2015, le Centre de recherche et de sondage d'opinion (CROP), un groupe de réflexion basé au Togo.

Malcolm Cosgrove-Davies (Mac) a débuté à la Banque mondiale en 1992 en tant qu'employé contractuel de l'Unité des énergies de substitution en Asie (ASTAE), centrée sur les énergies rurales et renouvelables en Asie du Sud et de l'Est. Il a officiellement rejoint la Banque mondiale en 1999 en qualité de spécialiste senior de l'énergie. Il a travaillé pour la Région Afrique pendant près de dix ans, avant de revenir à l'Asie du Sud pour trois ans, et d'occuper ensuite pendant trois ans la fonction de responsable de la Pratique énergie en Amérique latine et dans les Caraïbes, puis celle de chef de file mondial pour l'accès à l'énergie.

Sa carrière lui a permis d'engranger une vaste expérience dans le secteur de l'énergie, y compris des rôles de conduite d'une équipe et d'appui dans les domaines de l'accès à l'électricité du réseau et hors réseau, des petites et grandes énergies renouvelables, de la réforme et de la restructuration du secteur de l'énergie, de l'alimentation de secours, de l'énergie hydraulique, de l'énergie thermique et du transport. Tout au long de sa carrière, Malcolm Cosgrove-Davies a nourri sa passion pour l'agenda de l'accès à l'énergie, avec des points forts tels que le Projet de fourniture de services énergétiques au Sri Lanka, le Projet lao d'électrification rurale, et le Programme d'électrification pour la transformation rurale en Ouganda. Il s'est appliqué à diriger la Pratique énergie de la Banque mondiale en élargissant et exploitant davantage ses travaux sur l'accès à l'énergie, y compris en forgeant des liens efficaces à l'intérieur et à l'extérieur de l'institution. Il a pris sa retraite en avril 2018.

Abréviations

ABC	*Anchor – Business - Community*
AIE	Agence internationale de l'énergie
ALC	Amérique latine et Caraïbes
ASS	Afrique subsaharienne
BIRD	Banque internationale pour la reconstruction et le développement
CROP	Centre de recherche et de sondage d'opinion
DRI	Développement rural intégré
EAPP	Pool énergétique de l'Afrique de l'Est
EDS	Enquête démographique et de santé
EPCV	Enquête permanente sur les conditions de vie
EVN	Électricité du Vietnam
FCFA	Franc de la Communauté financière africaine
GWh	Gigawattheure
IC	Intervalle de confiance
IDA	Association internationale de développement (*International Development Association*)
IDH	Indice de développement humain
kW	Kilowatt
kWh	Kilowattheure
lmh	Lumenheure
MCO	Moindres carrés ordinaires
MPE	Micro et petites entreprises
MPME	Micro, petite et moyenne entreprises
MTF	*Multi-Tier Framework* CMN (Cadre multi-niveaux)
MWh	Mégawattheure

ODD	Objectif de développement durable
PC	Ordinateur personnel (*personal computer*)
PIB	Produit intérieur brut
PPA	Parité des pouvoirs d'achat
PRIS	Pays à revenu intermédiaire, tranche supérieure
PRODUSE	Utilisation productive de l'électricité
PTF	Productivité totale des facteurs
RISE	Indicateurs réglementaires pour l'énergie durable (*Regulatory Indicators for Sustainable Energy*)
RWF	Franc rwandais
SHEP	*Self Help Electrification Programme* (programme d'électrification associant la population)
TIC	Technologies de l'information et de la communication
TUG	Technologie à usage général
TWh	Térawattheure
USD	Dollar américain
VDP	Volonté de payer
W	Watt
WDI	Indicateurs du développement dans le monde (*World Development Indicators*)
Wh	Wattheure

Aperçu

En Afrique subsaharienne (dénommée ci-après « Afrique » ou « ASS »), le taux d'accès à l'électricité est nettement inférieur à ce qu'il pourrait être compte tenu des niveaux de revenu et de la superficie couverte par le réseau électrique. Ce manque d'accès à l'énergie fait peser d'importantes contraintes sur les activités économiques modernes, la fourniture des services publics, et la qualité de vie, ainsi que sur l'adoption des nouvelles technologies dans divers secteurs tels que l'éducation, l'agriculture et les finances. Non seulement le taux d'accès de 43 % est nettement inférieur à celui de régions comparables (ainsi qu'au taux d'accès mondial de 87 %), mais le nombre total de personnes dépourvues d'électricité a augmenté au cours des dernières décennies, car la croissance démographique a dépassé la progression de l'électrification. En outre, le taux d'accès est encore plus faible dans l'Afrique rurale (25 %).

Souvent négligées, l'adoption et la demande sont essentielles pour combler les déficits d'accès

Contrairement à l'avis général, les défis liés à la demande constituent un obstacle à l'extension de l'électrification aussi important, sinon plus, que les contraintes relatives à l'offre. La part des ménages vivant près du réseau électrique sans y être raccordés est élevée, avec une adoption médiane de seulement 57 % dans les 20 pays pour lesquels des données comparables de l'Enquête permanente sur les conditions de vie (EPCV) sont disponibles. Cette faible adoption est une raison essentielle du déficit d'accès. Les taux d'adoption varient selon les pays ; ils sont élevés dans certains pays tels que le Cameroun, le Gabon, le Nigeria et l'Afrique du Sud, et très faibles dans d'autres, tels que le Libéria, le Malawi, le Niger, l'Ouganda et la Sierra Leone. Les taux d'adoption varient également au sein des pays, avec une forte concentration dans les zones urbaines et périurbaines. Par exemple, seule la région centrale de l'Ouganda, où se trouve la capitale, Kampala, affiche un

1

taux d'adoption supérieur à 50 % (Blimpo, Postepska et Xu, 2018). Une étude menée dans 150 communautés de l'ouest du Kenya conclut que l'adoption de l'électrification est restée très faible, y compris chez les ménages relativement aisés, avec un taux moyen de 6 % pour les ménages et de 22 % pour les entreprises (Lee *et al.*, 2016). De même, l'évaluation d'un vaste projet d'électrification en Tanzanie a établi que le nombre de nouveaux raccordements avait atteint moins du tiers de ce qui était initialement prévu (Chaplin *.et al.*, 2017).

Les contraintes liées à la demande et à l'offre pesant sur l'accès à l'électricité sont interconnectées. Toutefois, une part importante du déficit d'accès peut s'expliquer par des facteurs liés à la demande, dont l'importance varie d'un pays à l'autre. Une analyse de 31 pays d'Afrique (Blimpo, Postepska et Xu, 2018) révèle que les facteurs purement liés à la demande représentent environ deux cinquièmes du déficit d'accès, avec des variations importantes entre les pays et les sous-régions. Les considérations liées à la demande représentent 56 % de la contrainte globale dans les pays à revenu intermédiaire de la tranche inférieure, contre 30 % dans les pays à faible revenu, où le développement des infrastructures accuse un retard important.

Pour assurer la soutenabilité financière de l'extension de l'électricité et encourager l'investissement, l'adoption et l'utilisation doivent augmenter. Par exemple, si tous les ménages vivant à proximité du réseau électrique y étaient raccordés, les taux d'accès dépasseraient largement 60 %, en moyenne, en Afrique et doubleraient presque par rapport aux taux actuels dans de nombreux pays. Pourquoi ces ménages ne sont-ils pas raccordés, et quels types d'incitation les amèneraient-ils à le faire ? Cette question souligne la nécessité d'une meilleure compréhension des contraintes liées à la demande pesant sur l'adoption.

Le taux d'adoption est affecté par le montant maximal que les usagers potentiels sont prêts à payer. Par exemple, lorsque des ménages du Rwanda se sont vu offrir trois options de prix et de paiement, 88 % n'en ont accepté aucune. Lorsque les résultats sont ventilés par statut social et économique à l'aide d'un large éventail de variables, l'adoption est faible dans presque toutes les catégories. De même, au Libéria, la volonté de payer a diminué de 90 à 60 % lorsque les frais de raccordement ont grimpé de zéro à 10 USD ; elle a chuté à environ 10 % lorsqu'ils ont été proposés à 50 USD.

Même si l'élimination des obstacles clés liés à la demande peut engendrer certaines améliorations de l'accès, la plupart de ces obstacles sont souvent des symptômes et non des causes profondes de la faiblesse de l'accès

L'adoption n'est pas toujours possible pour les consommateurs parce qu'ils sont confrontés à de multiples contraintes. La structuration de la demande d'électricité en Afrique selon la théorie de base du consommateur aide à organiser les contraintes potentielles à l'adoption en trois sous-catégories : 1) le prix ; 2) le revenu des ménages ; et 3) les avantages attendus de l'adoption de l'électricité.

- *Les frais et le processus de raccordement sont des obstacles critiques à l'entrée et peuvent agir comme un puissant levier politique pour accroître l'adoption, mais ils sont souvent insuffisamment compris.* En moyenne, les frais de raccordement sont élevés par rapport au niveau des revenus dans la plupart des pays. En outre, des données issues de 10 pays d'Afrique et centrées sur les ménages récemment connectés suggèrent que d'autres facteurs jouent un rôle : 1) les conditions et le processus de raccordement sont souvent normalisés et mal conçus pour alléger les contraintes auxquelles sont confrontés les pauvres ; 2) le processus implique de longs temps d'attente, dépassant souvent dix semaines ; et 3) même si le coût de raccordement est souvent considéré comme fixe, il peut varier considérablement d'un ménage à l'autre au sein d'un même pays lorsque les frais de câblage et de transaction sont pris en compte. Cette variation a tendance à être régressive, en tenant compte l'accessibilité financière pour les pauvres (Blimpo *et al.*, 2018).

- *Même si le niveau de revenu a de l'importance pour l'adoption, la volonté des ménages d'être raccordés aux services de l'électricité dépend également des flux de revenu et de leur prévisibilité.* Le paiement récurrent d'un montant même modeste peut constituer un défi majeur pour les ménages dont les revenus sont irréguliers. Les compteurs prépayés peuvent jouer un rôle crucial pour surmonter cette contrainte. Des mécanismes flexibles de paiement des factures, reflétant la fluctuation des revenus, pourraient également améliorer la situation.

- *Le raccordement conventionnel requiert des normes minimales de construction que beaucoup de logements existants ne satisfont pas.* Des technologies, telles que les tableaux électriques prééquipés, permettent de raccorder des logements même non conformes aux normes. Une coordination entre les régulateurs des secteurs du logement et de l'électricité peut contribuer à assurer que les exigences des permis de construire respectent les normes requises pour le raccordement électrique.

Faute de s'attaquer aux problèmes structurels, les compagnies électriques resteront soumises à des contraintes financières les dissuadant de rationaliser et éliminer les obstacles à l'accès

Pour accélérer le rythme de l'adoption, les problèmes causés par les tarifs inférieurs aux coûts doivent être résolus. Dans la plupart des pays d'Afrique, le raccordement d'un ménage supplémentaire n'est pas rentable, ce qui diminue la motivation des compagnies électriques à rationaliser le processus de raccordement et à éliminer les obstacles à l'accès. Dans la plupart des pays africains, l'ajout d'un consommateur supplémentaire au tarif minimal entraîne des pertes pour les compagnies électriques (sans tenir en compte des frais de raccordement ou autres charges). Les faits suggèrent que sans une augmentation des tarifs, les services publics de distribution de nombreux pays ne peuvent équilibrer leurs comptes avec des frais de raccordement inférieurs à 200 USD. Dans ces conditions, les coûts de raccordement élevés et le faible accès sont le résultat de tarifs réglementés de l'électricité insuffisamment élevés et de la faible consommation.

En Afrique, même lorsque l'accès est obtenu, les niveaux de consommation sont faibles, si bien que les utilisateurs n'obtiennent que des avantages limités et que les services publics ne parviennent pas à recouvrer leurs coûts. La consommation d'électricité résidentielle par habitant est en moyenne de 483 kWh en 2014, soit à peu près la quantité d'électricité nécessaire pour alimenter une ampoule de 50 watts en permanence pendant un an. Tant le taux d'accès que le niveau de la consommation sont inférieurs à ce qu'ils devraient être lorsqu'on compare les pays d'Afrique à ceux d'autres régions enregistrant des niveaux similaires de revenu par habitant.

Les avancées sur le développement durable ne peuvent être obtenus qu'en se concentrant sur le renforcement de l'impact économique à travers des entreprises et des utilisations productives

Les progrès soutenus dans l'accès à l'électricité devront aller de pair avec la création d'emplois et la génération de revenus. Les utilisations productives de l'électricité renforcent l'aptitude à payer des entreprises et des ménages. Une électricité fiable avec une puissance élevée est nécessaire pour des utilisations productives générant des impacts économiques et des avantages financiers pour le service public. Les progrès technologiques pourraient bientôt rendre possibles des systèmes électriques hors réseau, notamment alimentés par des moteurs efficaces produisant une puissance suffisante pour des utilisations productives à un coût nettement inférieur. Les systèmes hors réseau fourniraient à de nombreux pays africains une chance de sauter des étapes de développement économique, en particulier dans les zones rurales. Même si l'allègement des contraintes liées à la demande améliore l'adoption, une bonne partie de la population ne pourra toujours pas se permettre de se raccorder ou de consommer une quantité raisonnable d'électricité, sans parler d'acheter des appareils susceptibles de les aider à générer un revenu. Il est, par conséquent, essentiel de réfléchir au-delà de l'adoption et de promouvoir une utilisation productive en fournissant une électricité fiable avec une puissance adéquate. L'électrification joue un rôle crucial dans la création d'opportunités d'activités génératrices de revenu. Lorsque l'électricité ne contribue ni à la création d'emplois ni à l'amélioration des revenus, l'écrasante majorité de la population ne peut se permettre d'en faire une utilisation significative avec son niveau actuel de revenu. L'association du déploiement de l'électrification avec la création d'emplois est également un moyen essentiel d'attirer davantage d'investissements et d'améliorer la viabilité financière du secteur.

Accorder la priorité à la fiabilité stimulerait l'adoption et renforcerait l'impact économique

Les ménages et les entreprises sont privés d'accès à l'électricité pendant plusieurs heures par jour. Même lorsque l'électricité est disponible, les baisses de tension sont fréquentes et limitent l'utilisation potentielle de l'électricité par les utilisateurs finaux. Au Libéria, plus de la moitié des ménages raccordés signalent n'avoir jamais d'électricité. La Sierra Leone et l'Ouganda connaissent également de graves problèmes de fiabilité, avec plus de 30 % des ménages déclarant ne jamais avoir d'électricité malgré leur raccordement au réseau. Dans certains pays, notamment le Burundi, le Ghana, la Guinée, le Libéria, le Nigeria et le Zimbabwe, plus de la moitié des ménages connectés ont indiqué avoir bénéficié de l'électricité pendant moins de 50 % du temps en 2014.

En Afrique, le coût de l'électricité est le plus élevé du monde, mais les tarifs réglementés sont souvent inférieurs aux niveaux de recouvrement des coûts, contribuant ainsi aux problèmes de fiabilité. L'entretien et les investissements nécessaires pour fournir des services fiables sont limités. Dans 25 des 29 pays africains disposant de données récentes, moins d'un tiers des entreprises ont un accès fiable à l'électricité. Plus des deux tiers des entreprises de ces pays subissent des coupures de courant, avec des répercussions directes sur leurs activités.

Une électricité fiable peut contribuer à accroître l'adoption. La fiabilité de l'électricité est positivement associée à l'adoption tant au sein des pays qu'entre eux. Les pays où l'adoption de l'électricité est élevée ont tendance à avoir un niveau de fiabilité plus élevé et vice versa. La mauvaise qualité de l'électricité restreignant également fortement l'impact économique de celle-ci, une priorité plus élevée devrait être accordée aux investissements visant à régler le problème de la fiabilité. La qualité des services peut être pire qu'il n'y paraît, et les différences de niveaux de qualité reflètent l'inégalité des revenus. Sans une qualité suffisante, l'impact économique de l'électricité est considérablement limité, même si tous les facteurs complémentaires sont en place. Le maigre impact économique dû à une qualité insuffisante contribue également à maintenir la demande et l'adoption à un faible niveau. Cet effet est également vrai pour les solutions électriques hors réseau, dont l'adoption par les ménages dépend fortement de leur qualité, leur durabilité et leur fiabilité.

L'impact est affecté par la fiabilité. L'analyse des données des entreprises indique que pour chaque point de pourcentage d'augmentation de la fréquence des coupures de courant subies par les entreprises, la production diminue de 3,3 %. De même, l'effet sur les revenus des entreprises est non négligeable : une augmentation d'un point de pourcentage dans la fréquence des coupures a pour résultat une perte de revenu de 2,7 % pour les entreprises.

Les pays d'Afrique pourraient accroître leurs recettes fiscales de plus de 4 % par an rien qu'en réglant les problèmes liés à la fiabilité de l'électricité. La fourniture de services d'infrastructure de qualité, tels qu'une électricité fiable, est un moyen permettant aux pouvoirs publics des pays en développement d'améliorer leurs recettes fiscales. Les données suggèrent que le raccordement au réseau peut être un signe de l'engagement des pouvoirs publics à l'égard de la fourniture d'infrastructures et de services sociaux, et renforcer ainsi le sentiment d'un pacte fiscal implicite entre les citoyens et leurs autorités. L'impact de la fiabilité de l'électricité sur l'imposition se manifeste à travers deux canaux : l'incitation des citoyens à payer leurs impôts, et les pertes de recettes fiscales causées par l'impact négatif des coupures de courant sur les secteurs productifs de l'économie.

Des facteurs complémentaires doivent être en place pour maximiser l'impact économique d'une électricité fiable

Les politiques d'électrification doivent arrêter de considérer le secteur électrique de manière isolée, pour passer à une approche plus coordonnée où la fourniture de l'électricité est complétée par d'autres infrastructures et par l'accès aux services publics. La fourniture d'électricité doit être accompagnée d'éléments tels que l'accès aux marchés et aux services financiers, ce qui garantira que les différents segments de l'économie locale fonctionnent efficacement pour stimuler le développement économique. Il est nécessaire d'adopter une approche plus coordonnée où l'accroissement de l'électrification est complété par les infrastructures et l'accès aux services publics nécessaires pour renforcer l'impact économique. L'investissement ne doit pas cibler uniquement l'électrification, il doit également viser la fourniture de facteurs complémentaires.

De nouvelles données sur le Rwanda montrent que les compétences et l'accès aux marchés ont un effet positif sur l'impact de l'électricité sur la création d'emplois dans le secteur non agricole. L'accès au crédit et aux services publics dynamise l'impact de l'électricité en stimulant les revenus tirés par les ménages de sources agricoles et non agricoles. Les programmes de formation aux compétences et l'élimination des barrières à l'accès au marché augmenteront les activités entrepreneuriales, afin que les services électriques puissent être mieux exploités à des fins productives. L'identification des facteurs de l'impact économique devrait inspirer de futures recherches visant à éclairer les politiques et à renforcer la justification du déploiement de l'électrification ainsi que du séquencement des investissements dans l'électrification et ses facteurs complémentaires.

L'électrification doit également viser les zones urbaines et rurales de manière équitable. Beaucoup de zones rurales ont un considérable potentiel économique inexploité – cultures de contre-saison et transformation agroalimentaire à valeur ajoutée – qui pourrait être libéré grâce à la fourniture d'électricité. Le fait est d'autant plus pertinent que, dans de nombreux pays africains, la majorité de la population réside dans les zones rurales et que le secteur agricole emploie l'essentiel de la population active.

Principales implications pour les politiques

L'électrification est un investissement à long terme qui jette les bases du développement. Les pays ayant une capacité financière suffisante doivent planifier et déployer l'électrification sans délai. L'électrification en Afrique doit mettre l'accent sur le renforcement des capacités économiques des communautés en tant que meilleur moyen d'accomplir des progrès de développement plus rapides et soutenables, tout en relevant les grands défis (notamment l'accessibilité financière, la faible consommation et la viabilité financière des compagnies électriques) et en assurant une fourniture équitable entre les zones urbaines et rurales.

De rapides progrès dans l'électrification requièrent que les pouvoirs publics repensent leurs stratégies pour le secteur sur la base des principes fondamentaux clés énoncés, tout en étant conscients des principales tendances susceptibles d'affecter le déploiement de l'électrification.

Des expériences menées ailleurs suggèrent que la pièce maîtresse d'un déploiement réussi de l'électrification est l'élaboration et la mise en œuvre d'une stratégie nationale d'électrification abordant de manière systématique et coordonnée les aspects institutionnels, techniques et financiers de l'électrification. Une étude récente (Banque mondiale, 2017) conclut que seule la moitié des 35 pays d'Afrique ont officiellement approuvé des plans d'électrification. Un cadre réglementaire adéquat contribuera également à attirer des investissements pour combler le déficit quand le financement public est insuffisant. Bon nombre des acteurs ayant obtenu de médiocres résultats pour un indice mesurant la réglementation de l'électricité se trouvent en Afrique, suggérant ainsi la nécessité d'une assistance à la réforme institutionnelle et au renforcement des capacités humaines et financières. En outre, l'Afrique est confrontée à des mégatendances clés qui doivent être prises en compte dans les efforts d'électrification, en particulier *l'urbanisation, le changement technologique* et *l'intégration régionale, ainsi que le changement climatique*. Une forte incertitude entoure l'évolution et le calendrier de ces facteurs et complique la planification de l'électrification. L'ensemble de la planification et du développement du secteur de l'électricité doit prendre en compte l'étendue et l'impact de ces tendances.

Plusieurs considérations essentielles de politiques doivent être abordées pour stimuler l'accès, accroître l'adoption, améliorer la fiabilité et renforcer les impacts (voir figure O.1).

- *Reconnaître que l'électrification est un investissement à long terme et une contribution nécessaire à la transformation économique.* Les plans visant à accroître l'accès ne doivent pas être évalués uniquement sur la base des avantages à court terme. Les pays africains ont sous-investi dans l'électricité, même si dans de nombreux pays, les rentes issues des ressources naturelles

Figure O.1 Un cadre pour s'attaquer au déficit d'accès à l'électricité en Afrique

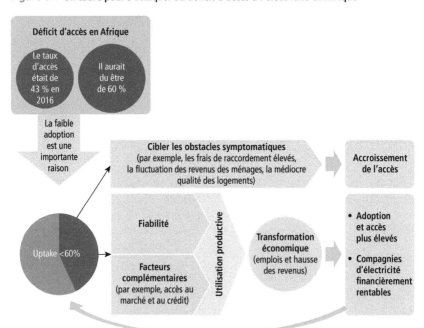

auraient pu constituer une source essentielle de financement de l'électrification. À court terme, les avantages de l'électrification ont peu de chances de couvrir ses coûts, mais à long terme, elle est un moteur clé de la transformation économique. Retarder l'électrification a un coût d'opportunité élevé, car le manque d'électricité entrave l'adoption de technologies modernes et diminue la qualité de la prestation de services tels que les soins de santé, l'éducation et autres services publics. Cela peut aussi avoir des répercussions négatives sur le processus d'urbanisation. Il est donc important de trouver des moyens de financer les coûts initiaux d'une électrification qui peut ne pas produire de résultats à court terme. À cet égard, l'électrification peut être considérée comme une façon cohérente au fil du temps d'épargner ou investir les recettes tirées des ressources naturelles au profit des générations futures.

- *Lever les contraintes pesant sur la demande à tous les stades du processus d'électrification.* Il est essentiel de lever les contraintes liées à la demande pour accroître l'adoption. En Afrique, les ménages n'ont souvent pas les moyens de payer les frais de raccordement et les tarifs de consommation faute de revenus adéquats et réguliers. Ils sont confrontés à d'autres contraintes pesant sur la demande, telles que la qualité inadéquate des logements et les coûts associés au câblage interne – en plus de l'incapacité à payer les appareils fonctionnant à l'électricité. Certaines de ces contraintes peuvent être abordées à l'aide de technologies telles que les compteurs intelligents, les solutions de prépaiement, et les tableaux électriques pré-équipés pour contourner les exigences relatives à la qualité des logements. Une meilleure application des tarifs sociaux peut également être utile : certains ménages à revenu moyen et élevé profitent de tarifs réduits alors qu'ils peuvent se permettre de payer plus, tandis que ceux partageant une connexion ne bénéficient pas des tarifs sociaux. De plus, les entreprises et les ménages aisés pourraient être disposés à payer plus si la fiabilité s'améliorait. Il est toutefois important de reconnaître que ces contraintes sont souvent des symptômes plutôt que des causes profondes de la faible adoption. S'attaquer à ces dernières exigera de mettre l'accent sur l'amélioration des impacts économiques, en tenant compte des considérations suivantes :

- *Cibler et promouvoir l'utilisation productive* afin que l'électrification accroisse les revenus des ménages, renforce leur capacité à payer, contribue à la viabilité financière des compagnies d'electricite grâce à une consommation accrue, et alimente en retour les finances publiques à travers les impôts en vue d'un réinvestissement. Cet objectif exige, cependant, de la fiabilité et la fourniture de facteurs complémentaires.

- *Accorder la priorité à la fiabilité*, dès que l'accès est fourni, parce que la fiabilité sera cruciale pour que la fourniture d'électricité s'autofinance. Les taux d'accès ne peuvent constituer l'unique mesure des progrès, parce que l'accès universel ne peut tenir pleinement ses promesses si la *qualité* et la *fiabilité* restent médiocres et continuent d'exercer une pression considérable sur les économies africaines et les moyens d'existence de leurs populations.

- *Coordination avec d'autres secteurs pour tirer parti des complémentarités* et de la fourniture de contributions appropriées aux activités économiques productives. Par exemple, la coordination avec les initiatives de développement (investissement dans l'infrastructure routière, accès au financement, renforcement des compétences, prestation des services publics, etc.) pourrait contribuer à déterminer où fournir l'électricité en priorité et amplifier ainsi son impact économique. Les technologies, telles que les techniques de cartographie des systèmes d'information géographique, peuvent être exploitées pour améliorer la planification géospatiale du déploiement de l'électrification.

- *Tirer parti des avancées technologiques récentes en matière de solutions hors réseau pour promouvoir stratégiquement des utilisations productives, en particulier dans les zones rurales.* Cet objectif peut être atteint grâce à l'adoption de solutions solaires rentables capables d'assurer une puissance et une fiabilité suffisantes pour soutenir des activités génératrices de revenus, telles que l'agriculture de contre-saison, la transformation agroalimentaire à valeur ajoutée, ainsi que d'autres petites entreprises (coiffeurs, établissements de restauration, tailleurs, etc.)

Références bibliographiques

Banque mondiale. 2017. « Regulatory Indicators for Sustainable Energy: A Global Scorecard for Policy Makers. » Banque mondiale, Washington DC.

Blimpo, M. P., K. Gbenyo, C. Meniago et J. T. Mensah. 2018. « Stylized Facts on the Cost of Household Connection to the Electricity Grid in African Countries. » Document de travail, Banque mondiale, Washington, DC.

Blimpo, M. P., A. Postepska et Y. Xu. 2018. « Why Is Household Electricity Uptake Low in Sub-Saharan Africa? » Document de travail, Banque mondiale, Washington, DC.

Chaplin, D., A. Mamun, A. Protik, J. Schurrer, D. Vohra, K. Bos, H. Burak, L. Meyer, A. Dumitrescu, C. Ksoll et T. Cook. 2017. « Grid Electricity Expansion in Tanzania by MCC: Findings from a Rigorous Impact Evaluation. » Millennium Challenge Corporation, Princeton, NJ.

Lee, K., E. Brewer, C. Christiano, F. Meyo, E. Miguel, M. Podolsky, H. Rosa et C. Wolfram. 2016. « Barriers to Electrification for 'Under Grid' Households in Rural Kenya. » *Development Engineering* 1 (Supplément C) : 26–35.

Chapitre **1**

Accès à l'électricité en Afrique subsaharienne : bilan et perspectives

Difficile d'imaginer une économie moderne florissante ou des ménages productifs et prospères dans un contexte de pénurie massive de l'électricité. Pourtant, à peine un peu plus des deux cinquièmes de la population de l'Afrique subsaharienne (ci-après dénommée Afrique ou ASS) ont accès à l'électricité, la proportion la plus faible de toutes les régions du monde. Le taux d'accès à l'électricité en Afrique est nettement inférieur à ce qu'il pourrait être compte tenu des niveaux de revenu et de la superficie couverte par le réseau électrique. Ce manque d'accès à l'énergie fait peser d'importantes contraintes sur les activités économiques modernes, la fourniture des services publics, l'adoption des nouvelles technologies, et affecte de manière importante la qualité de vie.

Un état de l'électrification médiocre comparé à celui du reste du monde

Des efforts concertés ont été consentis et des engagements pris, au niveau international et au sein de la région Afrique, en vue de combler le déficit d'électrification à l'horizon 2030. Un engagement que reflète un récent rapport montrant que les progrès accomplis entre 2010 et 2012 ont été plus importants que ceux de la décennie précédente (Banque mondiale et AIE, 2015). Toutefois, cette progression doit s'accélérer pour pouvoir respecter le calendrier des objectifs mondiaux.

Les objectifs de développement durable adoptés au niveau mondial considèrent l'énergie comme un élément d'infrastructure transversal crucial pour atteindre bon nombre des objectifs de développement durable et réduire la pauvreté. La cible suivante est visée dans l'objectif de développement durable n° 7 : « D'ici à 2030, garantir l'accès de tous à des services énergétiques fiables, durables et modernes, à un coût abordable ».[1] Toutefois, les récents taux de croissance de l'accès à l'électricité indiquent que l'Afrique n'atteindra pas cette cible.

Même si le niveau d'accès doit impérativement être amélioré, cela ne suffira pas pour que l'électricité ait l'impact requis sur la réduction de la pauvreté et l'accroissement de la production. Un niveau d'accès plus élevé doit s'accompagner d'une plus forte consommation et d'une meilleure qualité, ainsi que de prix abordables pour les consommateurs et de tarifs soutenables pour les compagnies électriques, afin d'entraîner une transformation économique de la région.

Un important déficit d'accès

Bien que l'accès ait lentement progressé, seuls 42,8 % de la population avait accès à l'électricité en Afrique en 2016, nettement moins que dans toutes les autres régions en développement (figure 1.1, volet a). Plus de 600 millions de personnes vivent sans électricité en Afrique, dont plus de 80 % des habitants des zones rurales. Seuls deux pays de la région, Maurice et les Seychelles, ont atteint une couverture quasi universelle. Le taux d'accès des ménages à l'électricité n'est supérieur ou égal à 75 % que dans six pays d'Afrique. Près de deux tiers des pays de la région affichent des taux d'accès inférieurs à 50 % (figure 1.1, volet b).

Le manque d'accès à l'électricité est endémique en Afrique, indépendamment du revenu. C'est la seule région du monde où la majorité des pays affiche un niveau d'électrification inférieur à ce que leur niveau de revenu laisserait prévoir (figure 1.2). L'Afrique se distingue par des cas extrêmes, tels que le Botswana, la Guinée équatoriale, et la Namibie, dont les niveaux d'accès à l'électricité devraient être nettement plus élevés compte tenu de leur revenu par habitant. Dans l'ensemble, le niveau moyen d'accès à l'électricité de la région aurait dû être de 60 % en 2016 au lieu de 43 %, compte tenu du revenu par habitant.

L'électrification en Afrique étant nettement en deçà de ce qu'elle devrait être, à quel rythme pourrait-elle progresser ? Castellano, Kendall, et Nikomarov (2015) ont constaté que l'accès à l'électricité croît lentement lorsque les niveaux existants sont inférieurs à 20 % ou supérieurs à 80 %. En moyenne, il faut environ 25 ans pour que l'électrification des ménages passe de 20 % à 80 %, soit environ 2,4 points de pourcentage par an (figure 1.3, volet a). Certains pays sont plus rapides que d'autres : il n'a fallu que 9 ans au Vietnam contre 40 ans au Brésil. En Afrique, le taux de croissance de l'accès à l'électricité est nettement inférieur au taux moyen. Au cours des 25 années allant de 1991 à 2006, l'accès à l'électricité a augmenté de 20 %, soit seulement 0,8 point de pourcentage par an. À ce rythme, la région n'atteindra pas l'objectif de développement durable relatif à l'accès universel à l'électricité à l'horizon 2030.

Figure 1.1 Accès à l'électricité

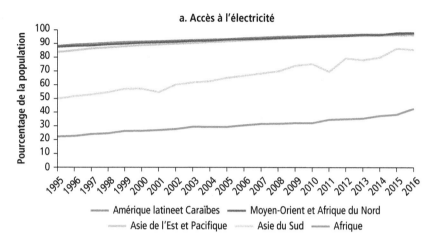

a. Accès à l'électricité

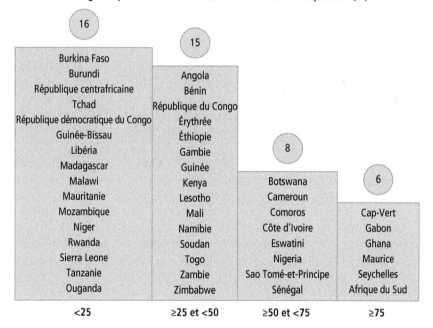

b. Ménages disposant de l'électricité, dernières données disponibles (%)

Sources : Indicateurs du développement dans le monde de la Banque mondiale ; enquêtes démographiques et de santé ; enquêtes en grappes à indicateurs multiples ; enquêtes nationales.
Note : Les pays à haut revenu sont exclus dans le volet a. Dans le volet b, il n'existe pas de données récentes disponibles pour la Guinée équatoriale, la Somalie et le Soudan du Sud. Sur le graphique, les courbes des régions Amérique latine et Caraïbes ainsi que Moyen-Orient et Afrique du Nord se superposent presque parfaitement.

Figure 1.2 **Relation entre le PIB par habitant et l'accès à l'électricité (2016)**

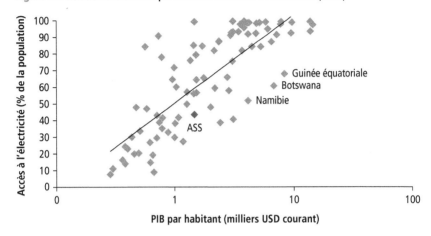

Source : Indicateurs du développement dans le monde de la Banque mondiale 2016.
Note : Le graphique ne comprend pas les pays ayant atteint un accès de 100 %. PIB = produit intérieur brut ;
ASS = Afrique subsaharienne.

Le Ghana offre un exemple de pays africain démontrant qu'une augmentation supérieure à la moyenne est possible (figure 1.3, volet b). Au cours des cinq années de la période 1993 à 1998, l'accès à l'électricité des ménages a grimpé de 2,4 points de pourcentage par an, passant de 31 à 43 %. Entre 1998 et 2003, ce rythme est tombé à 1,1 point de pourcentage par an, avant de remonter à 2,4 points de pourcentage par an entre 2003 et 2008, puis à 3 points de pourcentage par an entre 2008 et 2014. Au total, il a fallu 21 ans au Ghana pour porter le taux d'électrification des ménages de 31 % à 78 %, avec un gain moyen annuel de 2,3 points de pourcentage.

Même si le faible accès est souvent utilisé en tant que variable de remplacement pour le déficit énergétique en ASS, les problèmes vont bien au-delà du manque d'accès. L'état actuel du secteur de l'électricité dans la plupart des pays africains se caractérise également par une consommation limitée, des problèmes généralisés de fiabilité, des prix prohibitifs, et des compagnies électriques en difficulté financière. Ces contraintes entravent le développement économique et humain de la région.

Un accès non associé à une consommation significative constitue un autre défi

La consommation d'énergie est clairement proportionnelle au produit intérieur brut (PIB) par habitant : plus le revenu est élevé, plus la consommation d'électricité est importante (figure 1.4). Les économistes ne sont pas d'accord sur le

Figure 1.3 Nombre d'années pour faire passer l'accès à l'électricité de 20 à 80 % dans les pays sélectionnés, et de 30 à 80 % au Ghana

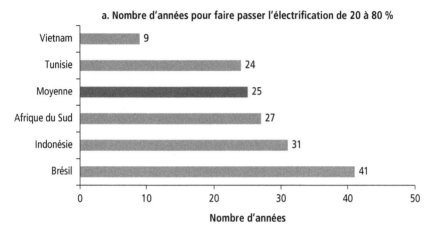

a. Nombre d'années pour faire passer l'électrification de 20 à 80 %

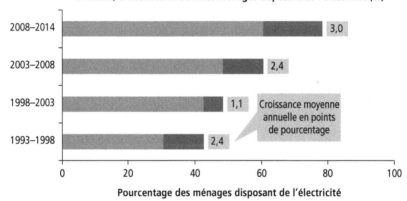

b. Ghana, croissance au sein des ménages disposant de l'électricité (%)

Sources : D'après Castellano, Kendall, et Nikomarov (2015) et enquêtes démographiques et de santé.

sens du lien de causalité : va-t-il de la croissance économique vers l'électricité ou l'inverse (Lemma *et al.*, 2016) ? Quoi qu'il en soit, les niveaux de consommation de l'électricité ont des implications pour le développement économique, ainsi que pour les compagnies électriques qui ont besoin d'une utilisation suffisante pour être viables. Une étude des compagnies électriques de la région montre que seules deux d'entre elles recouvrent entièrement leurs coûts (Kojima et Trimble, 2016). Si l'accès est le catalyseur de la transformation économique, l'utilisation en est le moteur.

Figure 1.4 Relation entre le PIB par habitant et la quantité d'électricité utilisée

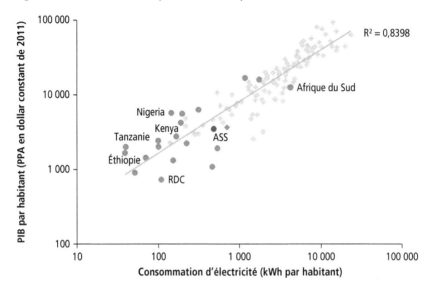

Source : D'après les Indicateurs du développement dans le monde de la Banque mondiale.
Note : Échelles logarithmiques. Les pays africains sont représentés par les cercles. PIB = produit intérieur brut ;
kWh = kilowattheure ; PPA = parité des pouvoirs d'achat.

La consommation d'énergie électrique en Afrique est extrêmement faible comparée à celle d'autres régions en développement (figure 1.5). Les 483 kWh par personne consommés en Afrique en 2014 ne représentent guère plus que la quantité d'électricité nécessaire pour alimenter une ampoule de 50 watts en permanence durant un an (AIE, 2014). Si les pays africains raccordaient rapidement tous les ménages à l'électricité, le niveau moyen de consommation resterait faible, parce que la plupart n'ont pas les moyens d'acquérir des appareils électriques tels que des climatiseurs, réfrigérateurs et chauffe-eau. Étant donné la prévalence des subventions, la situation financière des compagnies électriques de la région se détériorera, menaçant leur soutenabilité. Il est par conséquent impératif que l'utilisation croisse en même temps que la région progresse vers un accès universel à l'électricité.

Le coût de la fourniture d'électricité est élevé et une part majeure de la population est incapable de payer des tarifs reflétant les coûts
À l'heure actuelle, le prix unitaire de l'électricité appliqué aux consommateurs de beaucoup de pays d'Afrique atteint plus de deux fois celui en vigueur dans

Figure 1.5 Consommation d'électricité (2014)

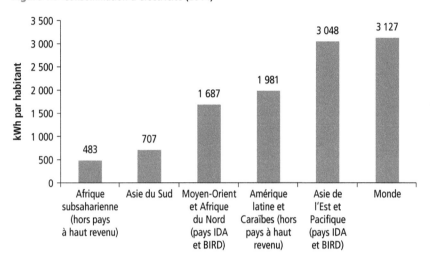

Source : Indicateurs du développement dans le monde de la Banque mondiale 2014.
Note : BIRD = Banque internationale pour la reconstruction et le développement ; IDA = Association internationale de développement (*International Development Association*) ; kWh = kilowattheure.

des pays à haut revenu tels que les États-Unis (0,12 USD/kWh) et est nettement supérieur à ceux de marchés émergents tels que l'Inde (0,08 USD/kWh).[2] Dans certains pays, tels que le Libéria, le coût de l'électricité par kilowattheure est le quadruple de celui des États-Unis. Dans bon nombre de pays africains, l'alimentation en électricité d'un réfrigérateur pendant un an coûte plus de 10 % du PIB par habitant, et même beaucoup plus pour la plupart des ménages, compte tenu de l'inégalité des revenus (figure 1.6). Ceci démontre qu'en dépit des subventions publiques, les tarifs restent trop élevés dans de nombreux pays d'Afrique pour qu'une majorité de ménages puisse se permettre une consommation très supérieure au minimum vital.

L'accessibilité financière est un déterminant clé de la capacité des compagnies électriques à satisfaire la demande et à étendre l'accès (Kojima et Trimble, 2016). Beaucoup de ménages sont incapables de payer les frais de raccordement et les tarifs d'utilisation, ce qui freine l'expansion de l'accès. Certains ont recours au partage de compteurs pour éviter les frais de connexion, et peu de ménages peuvent se permettre la consommation de subsistance de 30 kWh par mois aux tarifs actuels des services. Le partage et la sous-consommation restreignent le revenu des compagnies électriques, limitant ainsi leur aptitude à étendre et entretenir le réseau électrique.

Figure 1.6 Coût d'alimentation d'un réfrigérateur pendant un an en pourcentage du PIB par habitant

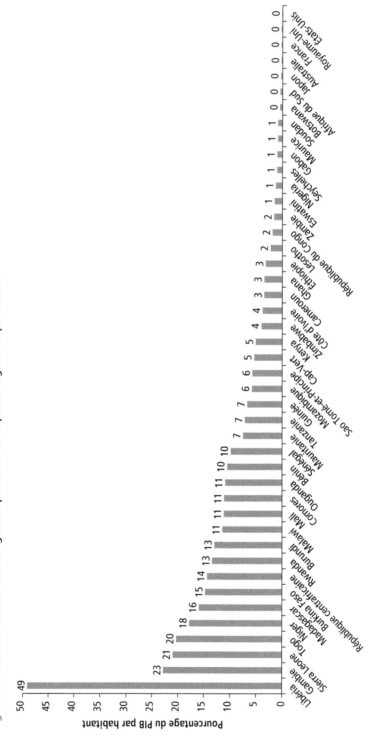

Note : Un réfrigérateur consomme environ 459 kWh par an. PIB = produit intérieur brut.

Le manque de fiabilité est généralisé, même lorsque l'accès universel est atteint

La fiabilité de la distribution d'électricité est un problème majeur en Afrique. La part des entreprises subissant des coupures de courant y est plus élevée que dans n'importe quelle autre région (figure 1.7, volet a). Une majorité d'entreprises de la région utilisent des générateurs en tant que stratégie d'adaptation au

Figure 1.7 Fiabilité de l'électricité pour les entreprises

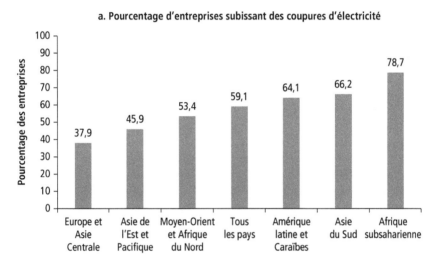

a. Pourcentage d'entreprises subissant des coupures d'électricité

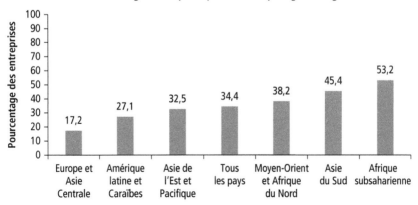

b. Pourcentage d'entreprises possédant ou partageant un générateur

Source : Enquêtes auprès des entreprises (http://www.enterprisesurveys.org) ; Banque mondiale.
Note : D'après des enquêtes réalisées sur la période 2010-2017.

manque de fiabilité de l'électricité ; cette proportion est également supérieure à celle des autres régions (figure 1.7, volet b).

Les coupures de courant sont devenues une caractéristique de la plupart des économies africaines. Les ménages et les entreprises restent privés d'électricité pendant plusieurs heures du jour ou de la nuit. Même lorsque le courant n'est pas coupé, les baisses de tension sont très fréquentes, limitant ainsi l'utilisation potentielle de l'électricité par les consommateurs.[3]

La carte 1.1 montre la part des entreprises et des ménages africains ayant un accès fiable à l'électricité, établie à l'aide des données des derniers cycles des enquêtes auprès des entreprises et de l'Afrobaromètre.

Le volet a de la carte 1.1 met en évidence la situation précaire où se trouvent les entreprises de la région en ce qui concerne l'accès à une électricité fiable pour leurs activités. Dans 25 des 29 pays africains représentés sur la carte, moins d'un tiers des entreprises disposent d'un accès fiable à l'électricité. En d'autres termes, plus des deux tiers subissent des coupures de courant, avec des répercussions directes sur leurs activités. Au Libéria, en Namibie et au Soudan du Sud, les entreprises sont relativement mieux loties que dans les autres pays, avec une proportion bénéficiant d'une distribution fiable de 55,7 %, 73,1 % et 84,7 % respectivement.[4]

La fiabilité constitue également un problème important pour les ménages (carte 1.1, volet b). Dans beaucoup de pays, la part de ceux disposant d'un accès fiable à l'électricité est faible : en dehors de l'Afrique du Sud, ils sont moins des deux tiers. Au Nigéria, au Kenya, au Mali, et en Tanzanie, par exemple, moins d'un tiers des ménages a un accès fiable à l'électricité.

Le degré de fiabilité dont bénéficient les ménages varie également très fort au sein de la région. La figure 1.8 montre les différences de fiabilité de l'électricité du réseau entre les pays. Au Ghana, au Burundi, au Zimbabwe, en Ouganda, au Libéria, en Sierra Leone, au Nigéria, et en Guinée, plus de 50 % des ménages raccordés au réseau ont signalé ne bénéficier de l'électricité que pendant maximum 50 % du temps. En revanche, le Cap-Vert, l'Afrique du Sud, l'Eswatini, le Gabon, la Côte d'Ivoire, et le Mali semblent avoir une distribution relativement fiable de l'électricité, avec au moins 80 % des ménages indiquant disposer du service pendant presque tout le temps. Indépendamment des coupures de courant, certains ménages signalent être raccordés au réseau sans jamais être alimentés en électricité. Tel est le cas de 30 % des ménages en Ouganda, au Libéria, et en Sierra Leone.

Le Nigéria constitue un exemple particulièrement frappant. Le pays bénéficie d'un taux de couverture proche de 100 %, laissant supposer de manière trompeuse qu'il a atteint l'objectif d'électrification universelle, au moins dans les zones urbaines. Cependant, moins de 20 % des ménages déclarent bénéficier de l'électricité pendant au moins la majeure partie du temps. Environ 51 % des

Carte 1.1 Accès fiable à l'électricité des entreprises et des ménages

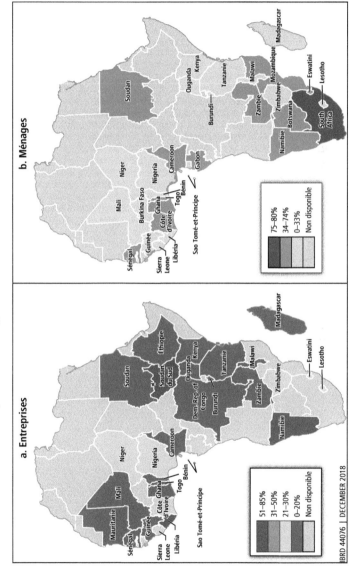

IBRD 44076 | DECEMBER 2018

Sources : Données sur les entreprises issues des enquêtes auprès des entreprises 2013-2017 ; données sur les ménages tirées des enquêtes de l'Afrobaromètre 2014-2015.
Note : Le volet a (entreprises) est établi à l'aide de données du portail de la Banque mondiale consacré aux coupures d'électricité. La carte représente le pourcentage d'entreprises fournissant la part des entreprises répondantes ayant signalé des coupures d'électricité. La carte représente le pourcentage complémentaire (100 % moins le pourcentage fourni par le portail, soit les entreprises n'ayant pas signalé de coupures). Le volet b (ménages) montre la part des ménages bénéficiant d'une alimentation électrique pendant la plupart du temps.

Figure 1.8 Fiabilité de l'électricité du réseau chez les ménages raccordés en Afrique

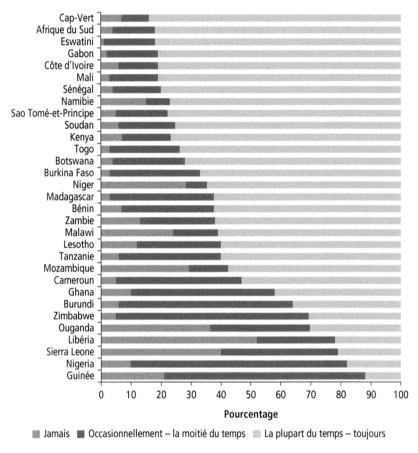

Source : Données de l'Afrobaromètre 2014-2015.

ménages disent en profiter de manière occasionnelle dans leur logement. Si ces ménages doivent ou non être classés comme des ménages ayant accès à l'électricité reste une question ouverte. La fréquence des baisses de tension, non considérée dans les données disponibles, est apparue clairement durant le travail sur le terrain au Nigeria. Si l'électricité fournie aux ménages permet d'alimenter une ampoule, sa puissance est souvent insuffisante pour un ventilateur ou un réfrigérateur. Ces problèmes mettent en évidence l'importance d'une mesure multidimensionnelle de l'accès à l'électricité, au lieu de la mesure binaire actuelle.

Problèmes exigeant de solides stratégies

En Afrique, l'accès à l'électricité est entravé par la capacité financière des compagnies électriques à répondre à la demande et par la capacité de paiement des ménages (Kojima et Trimble, 2016). Dans un marché fonctionnant bien, l'offre et la demande se rencontrent autour d'un prix satisfaisant les producteurs et les consommateurs. Dans la région, les politiques réglementaires de l'électricité varient, avec un effet négatif sur l'offre. Certains pays ont séparé la production du transport et autorisent les producteurs d'électricité indépendants ; d'autres ont un monopole d'État. Selon un rapport de 2016, des producteurs d'électricité indépendants opèrent dans 18 pays africains, représentant 13 % de la capacité totale de production régionale, et davantage de pays devraient envisager de faire appel à l'investissement privé pour étendre la fourniture d'électricité (Eberhard *et al.*, 2016). Ainsi, des solutions hors réseau pilotées par de jeunes entreprises se développent pour répondre à la demande, en particulier dans les zones rurales ; l'investissement en capital-risque est passé dans ce segment de 19 millions USD en 2013 à plus de 200 millions USD en 2016 (McKibben, 2017). Les coûts élevés grèvent la demande, mais les subventions mal ciblées affectent négativement l'entretien et l'investissement (FMI, 2013). Si les marchés de l'électricité fonctionnaient efficacement et facilitaient l'investissement privé, davantage de pays pourraient accélérer le rythme de l'électrification, comme au Ghana, où des réformes du secteur de l'électricité ont été adoptées (Banque mondiale, 2017). La résolution de ce dysfonctionnement des marchés de l'électricité exigera une amélioration de l'environnement réglementaire dans la plupart des pays d'Afrique les moins performants confrontés à un faible accès à l'électricité (figure 1.9).

Les pouvoirs publics doivent avant tout assumer la position dominante avec une planification adéquate

L'expérience acquise ailleurs montre que la pierre angulaire d'une électrification réussie est l'élaboration et la mise en œuvre efficace dans chaque pays d'une stratégie nationale menée par l'État, abordant de manière systématique et coordonnée les aspects institutionnels, techniques et financiers de l'électrification. Toutefois, selon le dernier rapport RISE (Indicateurs réglementaires pour l'énergie durable) de 2016, 17 pays africains sur 35 n'ont aucun plan d'électrification officiellement adopté. Un cadre réglementaire approprié est nécessaire pour attirer l'investissement dans tous les domaines du secteur (production, transport, infrastructure, distribution, et gestion opérationnelle) afin de combler le déficit lorsque le financement public est insuffisant.

Le secteur privé est nécessaire pour combler les déficits d'investissement. De tels investissements pourraient également cibler des facteurs complémentaires (voir chapitre 5) qui contribueront à convertir l'électrification en une création

Figure 1.9 Indicateurs réglementaires pour l'énergie durable (RISE), 20 derniers pays comparés au pays africain le plus performant (2016)

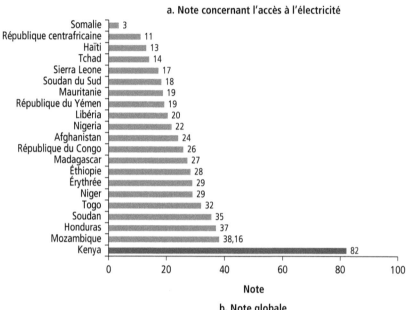

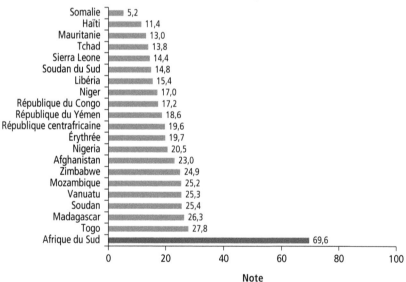

Source : Banerjee *et al.* (2017).

d'emplois et une hausse des revenus. Ces facteurs complémentaires potentiels comprennent un approfondissement du secteur financier ou l'amélioration des infrastructures, telles que les routes reliant les grandes villes et connectant les communautés aux marchés et aux grands centres urbains. Toutefois, certains de ces facteurs complémentaires ne sont pas toujours attractifs pour les investisseurs privés ou peuvent faire partie des prérogatives de l'État. Ils peuvent inclure l'appui, la mécanisation, et la modernisation d'une économie informelle souvent importante, ou l'investissement dans les compétences.

Les partenaires au développement peuvent, si nécessaire, jouer un rôle essentiel en aidant à faciliter les interactions entre les investisseurs privés et les États, depuis la fourniture d'une assistance technique à la planification de l'électrification jusqu'au soutien à la mise en place d'un environnement réglementaire adapté, et depuis l'octroi de financements concessionnels jusqu'à l'atténuation des risques (sécheresse, chocs pétroliers, et conflits). Cet effort concerté devrait entraîner une baisse des prix de l'électricité couplée à une augmentation des revenus des ménages, qui rendrait l'accès plus abordable pour une part accrue de la population, à des tarifs reflétant les coûts qui assureraient la viabilité financière des compagnies électriques.

Historiquement, les progrès rapides sont liés à une position dominante et à un engagement forts de l'État dans la planification et la coordination, comme ce fut le cas au Vietnam (encadré 1.1).

ENCADRÉ 1.1

Accélérer l'accès à l'électricité : les enseignements du Vietnam

L'expérience du Vietnam en matière d'électrification rurale fournit des enseignements pour l'accélération du rythme de l'électrification sur le continent africain. Les autorités ont mis en œuvre une planification et une coordination solides, accordé la priorité aux utilisations productives de l'électricité, et veillé à la disponibilité des fonds pour le financement des coûts d'investissement. Le cadre ainsi mis en place par les autorités a permis de catalyser les efforts de toutes les parties concernées. La réussite du Vietnam a nécessité un engagement politique pour la définition des objectifs et Une position dominante pour la planification et ensuite la coordination de la mise en œuvre.

Position dominante forte de l'État, solides planification et coordination. La fourniture d'électricité à une part importante de la population rurale vietnamienne a été rapidement effectuée, essentiellement grâce à l'inébranlable engagement dans l'électrification des dirigeants politiques du pays. Les décideurs de l'État ont reconnu la forte demande sociétale d'accès à l'électricité, et au début des années 1990, le taux

(suite page suivante)

ENCADRÉ 1.1 (suite)

d'accès à l'électricité est devenu un indicateur clé de l'évaluation annuelle du développement socioéconomique de chaque commune, district et province.

Les autorités centrales ont confirmé leur engagement à l'égard de l'électrification rurale en l'intégrant dans leurs plans quinquennaux et leur stratégie décennale. Dans un document de politiques de 1999, le ministre de l'Industrie énonçait les objectifs et principes appelés à guider le processus d'électrification rurale. Cette orientation a fourni une direction claire à l'approche des autorités, accélérant ainsi les premières étapes du programme. L'attribution des responsabilités dans l'électrification rurale a été formalisée pour la première fois la même année, valant au programme d'électrification rurale vietnamien d'être qualifié de « étatique et populaire, central et local, collaboratif » (*State and People, Central and Local, Working Together*). L'engagement de l'État à tous les niveaux – central, provincial, et local – a été un élément essentiel du programme d'électrification rurale du Vietnam.

Accorder la priorité à l'utilisation productive. Le programme d'électrification du Vietnam s'est initialement concentré sur la promotion des utilisations productives en vue de stimuler les secteurs agricole et industriel. Les décideurs ont privilégié les domaines dotés d'un haut potentiel de croissance de l'utilisation productive de l'électricité, en escomptant qu'ils constitueraient une importante source de revenus pour les entreprises concernées. L'utilisation productive de l'électricité dans ces domaines devait en outre entraîner une hausse des revenus, menant à son tour à une consommation accrue d'électricité et, par conséquent, à la viabilité financière des compagnies électriques. Cet accent initial sur les domaines à fort potentiel de croissance de l'utilisation productive de l'électricité, combiné à la croissance économique générale des années *Doi Moi*, ainsi qu'à la disponibilité accrue de nouvelles capacités de production et de lignes de 500 kilovolts, a permis aux autorités de se réorienter progressivement vers l'expansion régulière de l'électrification des ménages (figure B1.1.1).

Figure B1.1.1 Vietnam : accès à l'électricité

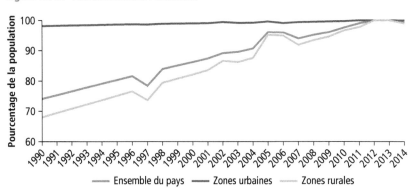

Source : Banque mondiale, Indicateurs du développement dans le monde.

(suite page suivante)

ENCADRÉ 1.1 (suite)

Des fonds assurés pour le financement des coûts d'investissement. L'expansion des systèmes électriques ruraux au Vietnam s'est appuyée sur de multiples sources de financement, y compris les contributions des clients ; les budgets des communes, des districts, des provinces et de l'administration centrale ; les suppléments de charge spéciaux pour les clients urbains ; les investisseurs privés ; l'emprunt ; et l'amortissement retenu de la compagnie nationale d'electricite (Électricité du Vietnam, EVN). L'approche de partage des coûts pour le financement des investissements dans l'électrification rurale a été un facteur clé de la rapide expansion de l'accès à l'électricité à une part importante de la population. Le partage des coûts par les communautés locales, en particulier, a généré chez elles un sentiment d'appropriation et un engagement durable envers le bon fonctionnement et l'entretien des systèmes d'électricité ruraux.

Maintenir les objectifs de développement à long terme au centre des efforts d'électrification

L'électricité constitue un investissement à long terme dont les effets peuvent prendre des années, voire des décennies à se matérialiser. Il a fallu environ 40 ans pour que l'impact de l'électrification sur la croissance de la productivité manufacturière se concrétise aux États-Unis (figure 1.10, volet a), l'électricité représentant environ la moitié de la croissance de la productivité totale des facteurs dans les années 1920 (David, 1989). Comme pour l'électricité, l'investissement dans l'informatique entamé dans les années 1970 n'a pas semblé apporter des gains de productivité immédiats. Ce point a été relevé par l'économiste Robert Solow, auteur du fameux paradoxe : « Vous pouvez voir l'ère informatique partout, sauf dans les statistiques de la productivité » (Solow, 1987). L'augmentation de la productivité n'a pas démarré avant que les ordinateurs n'atteignent un certain seuil de diffusion. Le nombre de foyers américains équipés d'ordinateurs, une variable de remplacement pour l'informatisation globale du pays, a atteint 50 % en 2000.

La productivité multifactorielle du secteur des entreprises privées a décollé avec une croissance moyenne annuelle entre 1995 et 2005 trois fois supérieure à celle des cinq années précédentes (figure 1.10, volet b).[5] Cette hausse de la productivité est largement imputable à un recours accru aux produits informatiques (Sichel, Oliner et Stiroh, 2007).

De même, le plein impact de l'électrification pourrait prendre du temps à se concrétiser en Afrique. Avec la technologie numérique, l'électricité est considérée comme une technologie à usage général (TUG) (Ristuccia et Solomou, 2010). Ce type de technologies a un impact significatif sur la transformation économique. Contrairement à d'autres facteurs stimulant la productivité, tels

Figure 1.10 PTF dans le secteur manufacturier, possession d'ordinateur personnel et productivité multifactorielle des entreprises, États-Unis

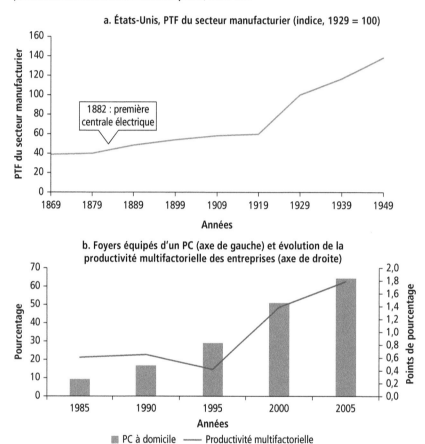

a. États-Unis, PTF du secteur manufacturier (indice, 1929 = 100)

1882 : première centrale électrique

b. Foyers équipés d'un PC (axe de gauche) et évolution de la productivité multifactorielle des entreprises (axe de droite)

▨ PC à domicile ─── Productivité multifactorielle

Sources : Kendrick, 1961 ; Bureau du recensement des États-Unis ; Bureau des statistiques du travail des États-Unis.
Note : PC = ordinateur personnel ; PTF = productivité totale des facteurs.

que l'innovation, les TUG mettent du temps à « semer et récolter » (Helpman et Trajtenberg, 1998). Les TUG se caractérisent par une diffusion lente, suivie d'une croissance rapide de la productivité :

> La croissance tirée par les technologies à usage général est différente de celle menée par l'innovation progressive. Contrairement à cette dernière, les TUG peuvent déclencher une trajectoire de croissance irrégulière, débutant par une stagnation prolongée suivie d'une accélération rapide. (Helpman, 2010, 51)

L'Afrique est-elle prête pour une augmentation significative de la productivité engendrée par l'électricité ? Avec ses centrales électriques installées depuis plus de 100 ans, il y a déjà longtemps que la région aurait dû connaître une explosion de productivité. Le niveau d'accès à l'électricité en Afrique (43 % en 2016) avoisine celui des États-Unis en 1921, où une croissance notable de la productivité manufacturière a débuté. Toutefois, la transformation économique de l'Afrique assistée par l'électricité nécessitera une plus grande utilisation commerciale de l'électricité, actuellement restreinte par une fiabilité la plus faible et des coûts relatifs les plus élevés de toutes les régions en développement.[6] Ces déficits doivent être comblés pour attirer davantage d'investissements commerciaux dans les usines de transformation agricole, les usines, les bureaux et les centres de données. Les pouvoirs publics peuvent soutenir l'utilisation commerciale en fournissant une électricité fiable à des prix compétitifs dans les zones de transformation destinée à l'exportation et les parcs industriels et technologiques (Hallward-Driemeier et Nayyar, 2018).

La figure 1.11 présente un cadre de réflexion sur l'électrification en Afrique. Les retombées à court terme comprennent les avantages sociaux, tels que l'éclairage pour la lecture, une moindre utilisation des combustibles fossiles, et

Figure 1.11 Réflexion à long terme sur les impacts de l'électrification en Afrique

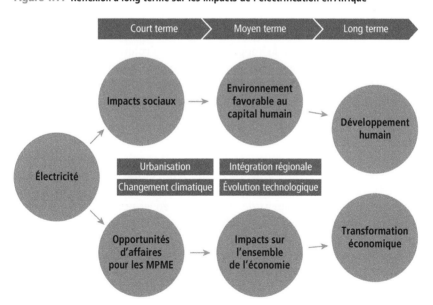

Note : MPME = Micro, petite et moyenne entreprises.

une sécurité renforcée. L'électrification ouvre des opportunités d'affaires aux micros, petites et moyennes entreprises dans des domaines tels que la coiffure, la restauration, et la confection. Les effets augmentent à moyen terme à mesure que des facteurs complémentaires sont introduits et que les ménages et entreprises apprennent à tirer profit du potentiel de l'électricité. Les résultats en matière d'éducation et de santé peuvent aussi s'améliorer grâce à l'électrification des écoles et des cliniques. Les effets économiques augmentent à mesure que l'électricité devient de plus en plus disponible en tant qu'intrant stratégique pour les industries et les services.

À long terme, cette séquence peut entraîner une amélioration du développement humain et la transformation des économies africaines. En résumé, le fait de retarder l'électrification peut avoir un coût d'opportunité élevé associé au rythme d'adoption des technologies et à la qualité de la prestation des services, tels que les soins de santé et l'éducation. Il peut également affecter le développement de l'urbanisation, la création de nouvelles villes ou le maintien du surpeuplement des villes existantes. Par conséquent, les pays dotés d'une capacité financière ne doivent pas différer le déploiement de l'électrification, et les autres doivent repenser leurs stratégies pour accélérer la progression et les impacts de l'électrification.

Les mégatendances contemporaines ne doivent pas être ignorées dans la planification

Quatre tendances affecteront l'avenir de l'électricité dans la région : l'urbanisation, les changements technologiques, l'intégration régionale et les changements climatiques. Une incertitude importante entoure l'évolution et le calendrier de ces facteurs, compliquant ainsi la planification de l'électrification dans des domaines tels que le mix énergétique approprié équilibrant la rentabilité avec la réduction du carbone et des solutions réseau et hors réseau.

L'urbanisation progresse rapidement et affecte l'équation urbain-rural dans la planification

D'ici 2040, les prévisions indiquent que plus de la moitié de la population africaine vivra dans des zones urbaines (figure 1.12), ce qui devrait rendre moins chère la fourniture d'électricité à un plus grand nombre de personnes, étant donné qu'il est moins coûteux de raccorder les zones urbaines. Une planification proactive sera toutefois nécessaire pour garantir que les réseaux de transport et de distribution soient disponibles avant que ne se produise la migration depuis les zones rurales. En même temps, un meilleur accès à l'électricité dans les zones rurales pourrait atténuer l'urbanisation et réduire le déplacement des populations vers des villes déjà surpeuplées, où l'infrastructure atteint la limite de ses possibilités. Correctement gérés, ces deux scénarios peuvent constituer des développements positifs pour l'Afrique.

Figure 1.12 Population urbaine en Afrique

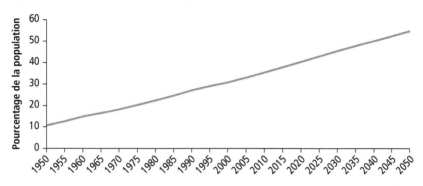

Source : Département des affaires économiques et sociales des Nations unies (2014).

Les investissements précoces dans l'infrastructure, y compris l'électrifica-tion, peuvent avoir une influence positive sur les villes africaines qui connaissent une croissance rapide à mesure que les populations quittent les zones rurales. La population des villes de l'Afrique devrait s'accroître de 76 millions entre 2015 et 2020, pour atteindre plus d'un milliard d'ici 2050. Les infrastructures doivent être planifiées pour réduire les coûts et accroître l'effi-cacité (encadré 1.2). Un récent rapport de la Banque mondiale indique que le fait de reporter la fourniture d'infrastructures, telles que l'électricité, jusqu'après l'installation des populations, peut considérablement augmenter le coût d'ac-cès et entraîner le développement de bidonvilles (Lall, Henderson et Venables, 2017). Le rapport relève que plus une ville est densément peuplée, plus ses habitants sont proches du quartier central des affaires, et plus la fourniture d'électricité est importante.

Une étude à long terme du peuplement à Dar es-Salaam, en Tanzanie, a révélé que les terrains où les services, y compris l'électricité, avaient été installés à l'avance avaient des valeurs supérieures à celles d'autres sites de la ville (Regan *et al.*, 2016). Elle fournit des données empiriques provenant de Tanzanie sur les solides avantages à long terme du projet Sites et services de la Banque mondiale, dans le cadre duquel des services d'infrastructure sont fournis avant l'installa-tion de la population. Les résultats montrent que la valeur des terres et proprié-tés situées dans les zones bénéficiaires du projet est élevée par rapport à celle des zones de comparaison où les services d'infrastructure ont été fournis après le peuplement. Ces dernières zones se caractérisent par une fourniture désorgani-sée et dysfonctionnelle des services. La valeur élevée de l'immobilier au sein des communautés préplanifiées présente un potentiel d'imposition élevé, qui peut être utilisé pour financer de futurs investissements.

Quelles implications de l'urbanisation pour l'accès à l'électricité ?

Les tendances de l'urbanisation en Afrique affecteront les efforts d'électrification rurale et urbaine. Selon un récent rapport de la Banque mondiale, « les zones urbaines d'Afrique hébergent 472 millions d'habitants. Ce chiffre va doubler au cours des 25 prochaines années, à mesure qu'un nombre croissant de migrants se déplaceront des campagnes vers les villes. Les plus grandes villes croissent au rythme soutenu de 4 % par an » (Lall, Henderson et Venables, 2017, 11). En outre, la part des Africains vivant dans les zones urbaines devrait grimper de 38 % en 2015 à 50 % d'ici 2040, ce qui signifie que la densité de la population rurale diminuerait à mesure que la population urbaine s'accroît. Alors que les pays s'efforcent d'atteindre l'objectif de développement durable n° 7 (accès universel à l'électricité), un déplacement massif de la population des zones rurales vers les zones urbaines aura un impact marqué sur le rythme et l'orientation stratégique des efforts d'électrification.

Une plus forte densité de la population réduit le coût par habitant de l'électrification, améliorant ainsi sa viabilité financière. Le coût d'un kilomètre de ligne de distribution électrique est relativement constant, quelle que soit la conception du système, et la consommation des ménages est également relativement constante. Par conséquent, le rendement financier d'un tronçon de ligne de distribution résidentielle dépend du nombre de consommateurs raccordés[a]. À mesure que la densité de population augmente, les rendements financiers s'améliorent, expliquant pourquoi les populations urbaines plus denses peuvent être desservies de manière plus rentable que les zones rurales.

Dans la mesure où l'urbanisation entraîne une diminution de la population rurale, elle rendra l'électrification rurale moins attrayante du point de vue financier et peut orienter les services vers des solutions hors réseau. Dans les zones actuellement desservies, l'urbanisation peut entraîner une réduction des revenus des consommateurs ruraux. Là où un nouveau service est nécessaire, les dépenses d'investissement par habitant pourraient augmenter. Dans tous les cas, les populations plus clairsemées augmentent les coûts de fonctionnement par habitant. Les populations clairsemées dépourvues d'électricité ou les agrégats de population éparpillés sur de plus grandes distances ont tendance à privilégier les systèmes de mini-réseau ou autonomes plutôt qu'une extension du réseau, en tant que solutions d'approvisionnement en électricité. L'urbanisation pourrait donc orienter la fourniture des services d'électricité vers davantage de solutions hors réseau, du moins pendant les phases initiales de l'électrification.

L'urbanisation accroît la demande d'électricité en raison des revenus plus élevés dans les villes, ce qui peut exacerber les contraintes financières pesant sur les compagnies électriques de la région. Les citadins ont tendance à avoir une consommation d'électricité par habitant supérieure à celle de leurs homologues ruraux, ce qui signifie

(suite page suivante)

ENCADRÉ 1.2 (suite)

que l'urbanisation est susceptible de stimuler la demande d'électricité. Cela peut être positif pour les compagnies d'électricité si elles facturent et collectent les montants dus pour l'électricité consommée. Cela peut toutefois ne pas être positif dans les cas fréquents où le vol d'électricité est endémique et où les tarifs sont fixés à un niveau inférieur au coût du service[b]. Dans les deux cas, la demande croissante crée un besoin de modernisation et d'extension continues des systèmes d'approvisionnement, de transport et de distribution, autrement dit un besoin permanent d'investissement en capital. Celui-ci peut être gérable si la compagnie d'électricité est financièrement saine. Or, dans la plupart des pays africains, tel n'est pas le cas (Kojima et Trimble, 2016). L'urbanisation rapide accroît donc la pression financière sur le secteur de l'électricité et engendre ainsi des problèmes.

a. Cette analyse est simplifiée, car elle ne tient pas compte des utilisateurs commerciaux ou industriels. Souvent, un très gros consommateur unique peut assurer la viabilité financière d'une extension de ligne.
b. Même lorsque le tarif moyen est fixé au niveau de recouvrement des coûts, dans la mesure où les habitants des bidonvilles urbains se situent en dessous du tarif social (subventionné), l'ajout de nouveaux consommateurs constituerait une perte financière pour la compagnie d'électricite.

L'électrification peut freiner l'exode rural et réduire la croissance des bidonvilles. Des données recueillies en Éthiopie suggèrent que l'électrification rurale entraîne une réduction de 26 % de l'exode rural vers les zones urbaines (Fried et Lagakos, 2017). Un taux de migration plus faible peut aider à rendre la planification de l'électrification urbaine plus gérable.

La technologie évolue et nécessite une réflexion dynamique

Le changement technologique et l'innovation sont permanents dans la production d'électricité et les appareils fonctionnant à l'électricité. Des recherches considérables se concentrent dans le monde entier sur les énergies renouvelables, entraînant une réduction des coûts et une augmentation de la production. Les appareils électriques deviennent de plus en plus efficaces, sous la pression des normes d'économie d'énergie, et de la baisse des prix. Le coût d'une installation solaire domestique capable d'alimenter en électricité une télévision, une radio, des lampes et la recharge d'un téléphone mobile chutera de 991 USD en 2009 à 193 USD en 2020 (GEI, 2016). Avec des systèmes hors réseau moins onéreux et plus puissants, la consommation d'électricité pourrait augmenter dans la région, générant ainsi une utilisation plus productive et une viabilité financière pour les investisseurs.

La technologie et l'innovation influent sur le secteur de l'électricité, tout comme elles l'ont fait pour d'autres secteurs de l'économie au cours des dernières décennies. Elles comprennent l'utilisation croissante des données générées par les capteurs en réseau pour surveiller les systèmes, et une meilleure adaptation de l'offre au comportement des clients. De nouveaux modèles d'affaires soutenus par des investisseurs prêts à prendre des risques perturbent des secteurs allant du commerce de détail au transport, et ils ont pénétré le secteur de l'électricité, notamment pour les solutions hors réseau (McKibben, 2017). Un récent rapport du Forum économique mondial explique comment le stockage distribué, les compteurs de pointe et la gestion de la demande fondée sur des données font évoluer le réseau électrique (FEM, 2017). Le réseau est de plus en plus numérisé, avec des compteurs et des capteurs intelligents, ainsi qu'une automatisation croissante. Les clients seront au centre de ce nouveau modèle, à la fois en tant que consommateurs et que fournisseurs (figure 1.13).

Même si ces changements interviennent au départ en majeure partie dans les pays développés, ils se répandent déjà en Afrique. Par exemple, plusieurs start-ups sont actives sur le marché solaire hors réseau de la région en utilisant d'innovants systèmes prépayés associés à des transferts d'argent par téléphone mobile et à des services basés sur le *cloud* (McKibben, 2017). Les systèmes déploient des capteurs permettant de surveiller à distance la consommation d'électricité (ITU et Cisco, 2015). Ces tendances reflètent l'innovation dans le développement hors réseau de la région, qui pourrait être plus efficace s'il s'inscrivait dans une stratégie générale de l'électricité comprenant des ressources énergétiques distribuées. La région peut faire un bond en avant en intégrant ces développements technologiques dans des déploiements entièrement nouveaux.

L'intégration régionale peut contribuer à dynamiser la région

Certains pays africains sont riches en énergie ; les voisins obtenant de l'électricité de ces pays peuvent réduire les coûts, renforcer la coopération régionale et améliorer la fiabilité. Les possibilités d'extension du commerce régional de l'électricité sont considérables. La région compte 8 exportateurs nets d'énergie et 19 importateurs nets ; les autres pays ne font pas commerce de l'électricité (Trimble, Kojima et Perez Arroyo, 2016). On estime que la mise en œuvre efficace de pools énergétiques régionaux en Afrique pourrait réduire les coûts d'investissement dans l'énergie de 80 milliards de USD d'ici 2040 (Castellano, Kendall et Nikomarov, 2015).

L'intégration régionale améliore l'efficacité économique et présente plusieurs avantages (Economic Consulting Associates, 2010). Ceux-ci comprennent des exigences d'investissement rendues plus légères par des économies d'échelle (qui peuvent également améliorer l'intérêt de l'investissement) et des coûts réduits grâce à des investissements évités pour les pics de capacité. La fiabilité et la sécurité énergétiques sont également améliorées. Il y a également des avantages environnementaux et fiscaux, tels que la réduction de la pollution de l'air et de l'eau et de la déforestation, ainsi qu'une diminution des coûts pour les compagnies électriques. La mise en place de pools

Figure 1.13 Futur réseau d'électricité

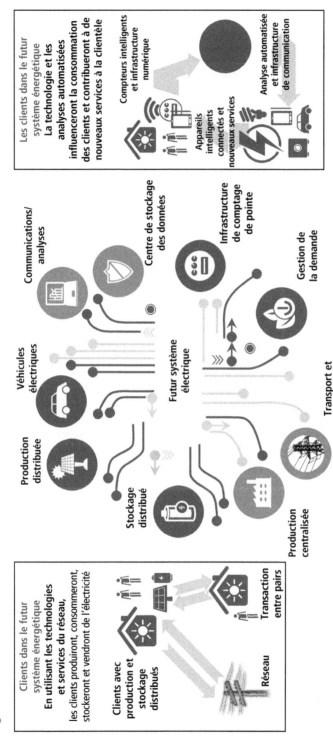

Clients dans le futur système énergétique
En utilisant les technologies et services du réseau,
les clients produiront, consommeront, stockeront et vendront de l'électricité

Clients avec production et stockage distribués

Transaction entre pairs

Réseau

Communications/ analyses

Centre de stockage des données

Véhicules électriques

Production distribuée

Stockage distribué

Futur système électrique

Infrastructure de comptage de pointe

Gestion de la demande

Transport et distribution

Production centralisée

Les clients dans le futur système énergétique
La technologie et les analyses automatisées influenceront la consommation des clients et contribueront à de nouveaux services à la clientèle

Compteurs intelligents et infrastructure numérique

Appareils intelligents connectés et nouveaux services

Analyse automatisée et infrastructure de communication

Source : FEM, 2017.

énergétiques régionaux accroît les contacts entre les pays en vue d'élaborer des lois et des plans, tout en consolidant les liens politiques et en renforçant les capacités réglementaires, juridiques et techniques, ce qui est particulièrement utile pour les pays plus petits qui peuvent ainsi tirer parti de l'expertise d'un groupe plus large de pays. Le cadre multilatéral peut également réduire l'influence de groupes d'intérêt particulier.

Les expériences acquises en Afrique de l'Est illustrent certains des avantages économiques du partage d'énergie. Le pool énergétique de l'Afrique de l'Est (EAPP – *Eastern Africa Power Pool*) a été créé en 2005 et compte huit pays participants.[7] Son objectif de haut niveau est de faciliter l'intégration régionale pour favoriser le développement durable. Ses objectifs spécifiques comprennent le renforcement de la sécurité énergétique ; l'optimisation des ressources énergétiques ; la coordination et la coopération en matière de planification, de développement et d'exploitation ; l'augmentation de l'offre ; et la facilitation de la concurrence dans le secteur. Les activités clés comprennent l'harmonisation des plans du secteur de l'énergie, l'établissement de points d'interconnexion, et l'élaboration de codes de réseaux communs. L'EAPP estime que la constitution de pools énergétiques régionaux pourrait générer un bénéfice net allant jusqu'à 32 milliards de USD entre 2013 et 2038 (Tesfaye, 2011).

Le changement climatique appelle des choix difficiles concernant le mix énergétique

Les perturbations météorologiques associées au changement climatique provoquent des sécheresses dans la région, affectant ainsi le vaste potentiel hydroélectrique de l'Afrique (Cole, Elliott et Strobl, 2014). La Zambie a dû rationner son électricité parce que les niveaux d'eau dans les barrages avaient baissé à cause du manque de pluie dû au changement climatique (Mfula, 2016). En même temps, les engagements mondiaux de réduction des émissions de carbone affectent les décisions de production d'électricité. Différents scénarios existent pour le mix énergétique dans la région. À ce stade, une incertitude considérable entoure les compromis entre les coûts, la résilience, les émissions de carbone, la consommation et la source de production d'énergie appropriée.

L'Afrique dispose d'abondantes ressources d'énergie renouvelable. Or, plus de 90 % du potentiel hydroélectrique économiquement viable de l'Afrique, soit environ un dixième du total mondial, est inexploité (Eberhard *et al.*, 2011). L'hydroélectricité ne représentait toutefois qu'un quart de la capacité électrique installée de la région en 2014 (Trimble, Kojima et Perez Arroyo, 2016). Malgré le potentiel solaire et éolien, ces énergies ne représentaient que 3 % de la capacité en 2014.

La question du changement climatique est controversée, et les pays doivent déterminer leur trajectoire de transition énergétique. Des modèles différents conduiront à des conclusions différentes fondées sur des hypothèses liées à divers paramètres, qui devraient être principalement fixés par les pays eux-mêmes. Bien qu'il existe un accord général sur le futur niveau de la production d'énergie en Afrique (soit environ 1 000 térawattheures d'ici 2030), les scénarios diffèrent quant à la combinaison des sources et aux coûts. Les deux scénarios évoqués ci-dessous illustrent de quelle manière des conclusions divergentes peuvent être émises sur la base d'hypothèses différentes.

Certains continuent d'envisager un avenir dominé par les combustibles fossiles. Le gaz est particulièrement apprécié, car les pools énergétiques régionaux peuvent s'appuyer sur les importantes réserves de certains pays. Castellano, Kendall et Nikomarov (2015) prévoient un scénario à peu près similaire à celui d'aujourd'hui, fondé sur le gaz, le charbon et l'hydroélectricité (figure 1.14, volet a), nécessitant plus de 800 milliards de USD pour la nouvelle capacité de production, le transport et la production jusqu'en 2040. Les auteurs reconnaissent que leur scénario génère davantage d'émissions de dioxyde de carbone, mais une proportion plus élevée d'énergies renouvelables dans le mix énergétique augmenterait les besoins d'investissement d'environ un tiers. Dans ce scénario, les énergies renouvelables représentent un cinquième de la production d'électricité d'ici 2030, soit à peu près la même proportion qu'aujourd'hui.

Un modèle développé par des chercheurs allemands et finlandais révèle que la production d'électricité en Afrique peut être assurée à 100 % par des énergies renouvelables d'ici 2050 et à plus de 90 % d'ici 2030, avec des capacités similaires à celles qui sont prévues par d'autres experts (Ram *et al.*, 2017) (figure 1.14, volet b). Les chercheurs soutiennent que l'énergie solaire est la source d'électricité la moins chère de la région et que, sauf dans les forêts tropicales humides, l'Afrique bénéficie d'un ensoleillement largement disponible et uniformément réparti tout au long de l'année.

Intégration des considérations liées à l'offre et à la demande

Jusqu'à présent, les efforts d'électrification en Afrique se sont principalement concentrés sur les problèmes liés à l'offre, tels que le manque de production adéquate et la médiocrité ou l'absence des systèmes de distribution. En conséquence, les contraintes liées à la demande ont été relativement négligées. Par exemple, même dans les zones couvertes par le réseau, de nombreux ménages n'y sont pas raccordés. Les contraintes liées à l'offre ayant été éliminées dans ces zones, le manque de raccordement reflète en grande partie des contraintes liées à la demande. De même, dans les zones rurales où existent des systèmes solaires autonomes, seuls certains ménages en disposent. Le présent rapport se concentre donc sur le fait de combler les principales lacunes de connaissances sur l'adoption de l'électricité.

Figure 1.14 Scénarios de production d'énergie en Afrique

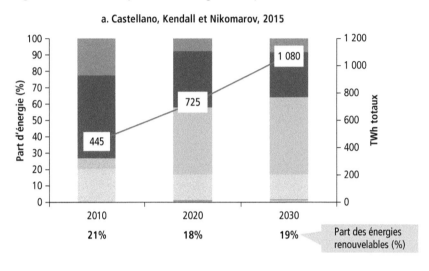

a. Castellano, Kendall et Nikomarov, 2015

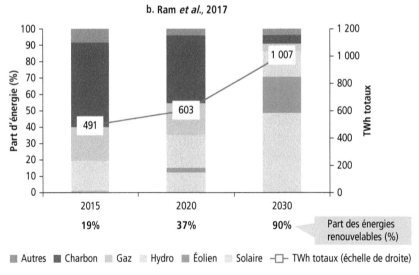

b. Ram *et al.*, 2017

Sources : Adapté de Castellano, Kendall et Nikomarov (2015), et Ram *et al.* (2017).
Note : « Autres » comprend la bioénergie, la géothermie, le pétrole et le nucléaire. TWh = térawattheures.

Conclusion

Le présent rapport se concentre sur la question centrale de l'adoption pour une transformation économique en Afrique. Il aborde les obstacles à cette adoption. Il avance que l'utilisation productive grâce à une fourniture fiable de l'électricité et à des facteurs favorables complémentaires est essentielle pour accélérer l'adoption tout en atteignant l'objectif ultime de l'électrification (c'est-à-dire l'augmentation des revenus et la réduction de la pauvreté). Le seul moyen de résoudre simultanément les problèmes d'accès, de faible consommation, de manque de fiabilité, et de viabilité financière des compagnies électriques est que l'utilisation de l'électricité génère des revenus plus élevés pour les ménages.

Feuille de route

Le reste du rapport est organisé comme suit :

- Le chapitre 2 considère l'ampleur du déficit d'adoption et les contraintes liées à la demande.

- Le chapitre 3 identifie les leviers politiques susceptibles d'atténuer les problèmes liés à la faible adoption et aborde l'importance de l'utilisation productive de l'électricité.

- L'adoption est insuffisante pour obtenir les avantages de l'électricité, et l'importance de la fiabilité et des facteurs complémentaires est examinée dans les chapitres 4 et 5, respectivement.

- Le chapitre 6 émet des recommandations pour les politiques en vue d'accélérer l'électrification de l'Afrique et d'amplifier l'impact social et économique de celle-ci.

Notes

1. Site Internet des Nations unies sur l'objectif de développement durable n° 7 (http://www.un.org/sustainabledevelopment/energy/).
2. Site Internet d'OVO Energy : « Average electricity prices around the world : $/kWh (Prix moyens de l'électricité dans le monde : dollars/kWh) » (https://www.ovoenergy.com/guides/energy-guides/average-electricity-prices-kwh.html).
3. Site Internet d'*Energy Today* : "Brownouts: What Are They? Are They Bad for Computers?" (« Les baisses de tension : de quoi s'agit-il ? Sont-elles mauvaises pour les ordinateurs ? ») (https://energytoday.biz/blog/brownouts-what-are-they-what-causes-them-are-they-bad-for-computers)
4. D'après des enquêtes auprès des entreprises menées au Libéria (2017), en Namibie (2014) et au Soudan du Sud (2014).

5. *The Economist,* 21 septembre 2000.
6. En Afrique, le coût moyen d'un raccordement électrique était d'environ 4 000 % du revenu par habitant en 2017, tandis que la fiabilité perçue et la transparence des tarifs étaient évaluées à 0,9 sur une échelle de 0 à 8 (http://www.doingbusiness.org/data /exploretopics/getting-electricity).
7. Site Internet du Pool énergétique de l'Afrique de l'Est (http://eappool.org /about-eapp/).

Références bibliographiques

AIE (Agence internationale de l'énergie), 2014. World Energy Outlook 2014. Paris : AIE. https://www.iea.org/newsroom/news/2014/november/world-energy-outlook-2014.html.

Banerjee, S. G., F. A. Moreno, J. E. Sinton, T. Primiani et J. Seong, 2017. *Regulatory Indicators for Sustainable Energy: A Global Scorecard for Policy Makers.* Washington, DC : Banque mondiale.

Banque mondiale et Agence internationale de l'énergie, 2015. *Sustainable Energy for All 2015: Progress Toward Sustainable Energy.* Washington, DC : Banque mondiale. © Banque mondiale ; Agence internationale de l'énergie. https://openknowledge .worldbank.org/handle/10986/22148. License : CC BY 3.0 IGO.

Banque mondiale, 2017. *Regulatory Indicators for Sustainable Energy.* Washington, DC : Banque mondiale.

Castellano, A., A. Kendall et M. Nikomarov, 2015. *Brighter Africa: The Growth Potential of the Sub-Saharan Electricity Sector.* McKinsey & Company.

Cole, M., R. Elliott et E. Strobl, 2014. "Climate Change, Hydro-Dependency, and the African Dam Boom". *World Development* 60 (August) : 84–96.

David, P., 1989. "Computer and Dynamo: The Modern Productivity Paradox in a NotToo Distant Mirror". Stanford University, Stanford, CA. https://econpapers.repec.org /paper/wrkwarwec/339.htm.

Département des affaires économiques et sociales des Nations unies, 2014. "Electricity and Education: The Benefits, Barriers, and Recommendations for Achieving the Electrification of Primary and Secondary Schools." Département des affaires économiques et sociales des Nations unies, New York.

Eberhard, A., K. Gratwick, E. Morella et P. Antmann, 2016. *Independent Power Projects in Sub-Saharan Africa: Lessons from Five Key Countries.* Washington, DC : Banque mondiale.

Eberhard, A., O. Rosnes, M. Shkaratan et H. Vennemo, 2011. *Africa's Power Infrastructure : Investment, Integration, Efficiency.* Washington, DC : Banque mondiale.

Economic Consulting Associates, 2010. *The Potential of Regional Power Sector Integration.* Londres : Economic Consulting Associates.

FEM (Forum économique mondial), 2017. *The Future of Electricity: New Technologies Transforming the Grid Edge.* Cologny, Suisse : Forum économique mondial. http:// www.bain.com/Images/WEF_Future_of_Electricity_2017.pdf.

FMI (Fonds monétaire international), 2013. *Energy Subsidy Reform in Sub-Saharan Africa: Experiences and Lessons*. Washington, DC : FMI.

Fried, S. et D. Lagakos, 2017. "Rural Electrification, Migration and Structural Transformation: Evidence from Ethiopia". International Growth Centre. https://www.theigc.org /publication/rural-electrification-migration-structural-transformation-evidence -ethiopia/.

GEI (Groupe d'évaluation indépendante), 2016. *Reliable and Affordable Off-Grid Electricity Services for the Poor: Lessons from the World Bank Group Experience*. Washington, DC : Banque mondiale.

Hallward-Driemeier, M. et G. Nayyar, 2018. *Trouble in the Making? The Future of Manufacturing-Led Development*. Washington, DC : Banque mondiale.

Helpman, E. et M. Trajtenberg, 1998. *A Time to Sow and a Time to Reap: Growth Based on General Purpose Technologies*. Cambridge, MA : MIT Press.

Helpman, E., 2010. *The Mystery of Economic Growth*. Cambridge, MA. : Harvard University Press.

Kendrick, J, 1961. *Productivity Trends in the United States*. Princeton, NJ : Princeton University Press.

Kojima, M. et C. Trimble, 2016. *Making Power Affordable for Africa and Viable for Its Utilities*. Washington, DC : Banque mondiale. http://documents.worldbank.org /curated/en/293531475067040608/Making-power-affordable-for-Africa-and-viable -for-its-utilities.

Lall, S. V., J. V. Henderson et A. J. Venables, 2017. *Africa's Cities: Opening Doors to the World*. Washington, DC : Banque mondiale.

Lemma, A., I. Massa, A. Scott et D. Willem te Velde, 2016. *What Are the Links between Power, Economic Growth and Job Creation?* Londres : CDC Group.

McKibben, B, 2017. "The Race to Solar-Power Africa". *The New Yorker*, 19 juin. http:// www.newyorker.com/magazine/2017/06/26/the-race-to-solar-power-africa.

Mfula, C, 2016. "Zambia to Diversify Generation Mix as Drought Hits Hydropower". *Lusaka Times*, 16 mai.

Ram, M., D. Bogdanov, A. Aghahosseini, S. Oyewo, A. Gulagi, M. Child et C. Breyer, 2017. *Global Energy System Based on 100% Renewable Energy-Power Sector*. Berlin : Lappeenranta University of Technology and Energy Watch Group.

Regan, T., D. Nigmatulina, N. Baruah, F. Rauch et G. Michaels, 2016. Sites and Services and Slum Upgrading in Tanzania. The Annual Bank Conference on Africa: Managing the Challenges and Opportunities of Urbanization in Africa, Oxford, Royaume-Uni, 13 juillet 2016.

Ristuccia, C. A. et S. Solomou, 2010. *General Purpose Technologies and Economic Growth: Electricity Diffusion in the Manufacturing Sector before WWII*. Cambridge, UK : University of Cambridge. doi:https://doi.org/10.17863/CAM.5549.

Sichel, D., S. Oliner et K. Stiroh, 2007. "Explaining a Productive Decade". *Brookings Papers on Economic Activity* 2007 (2). https://www.brookings.edu/bpea-articles /explaining-a-productive-decade/.

Solow, R, 1987. "We'd Better Watch Out". *The New York Times*, 12 juillet.

Tesfaye, E, 2011. "Benefits of Integrating into a Regional Power Pool". Présentation à la Convention de l'industrie énergétique est-africaine, Kampala, Ouganda, 9 septembre. https://www.esi-africa.com/wp-content/uploads/Ephrem_Tesfaye.pdf.

Trimble, C., M. Kojima et I. Perez Arroyo, 2016. "Financial Viability of Electricity Sectors in Sub-Saharan Africa: Quasi-Fiscal Deficits and Hidden Costs". Document de recherche sur les politiques 7788, Banque mondiale, Washington, DC.

UIT (Union internationale des télécommunications) et Cisco, 2015. *Harnessing the Internet of Things for Global Development*. Genève : Union internationale des télécommunications. https://www.itu.int/pub/S-POL-BROADBAND.15-2015.

Chapitre 2

Faible adoption : un défi ou une opportunité ?

Les bas niveaux de revenu de l'Afrique subsaharienne (ci-après dénommée Afrique ou ASS) limitent considérablement l'accessibilité financière de l'accès d'une large majorité de la population, réduisant ainsi la volonté de payer pour l'électricité. L'estimation de la demande d'électricité en Afrique est assez complexe, car elle est fortement limitée par l'offre, le manque de données précises et les chocs idiosyncrasiques qui rendent les prévisions difficiles (Steinbuks et Foster, 2010). L'Agence internationale de l'énergie (AIE) estime que la demande d'électricité a augmenté en Afrique d'environ 35 % entre 2000 et 2012, sans compter la demande non satisfaite. La demande devrait continuer à croître à un rythme d'environ 4 % par an jusqu'en 2040 (AIE, 2014). Castellano, Kendall et Nikomarov (2015) utilisent une approche axée sur la demande pour prévoir que la demande d'électricité sera multipliée par quatre d'ici 2040, tandis que le taux d'électrification n'atteindra que 70 à 80 %, moins que l'objectif de développement durable fixé pour 2030. Bon nombre des projections semblent élevées en raison de la faible base de départ, de l'hypothèse d'une croissance économique soutenue et de l'augmentation de la population. Quelle que soit l'évolution de la demande, l'adoption et la consommation doivent augmenter et les besoins de la demande être mieux compris dans le processus. La viabilité financière du secteur à court, moyen et long terme dépend en partie du degré d'adoption, de consommation et de volonté de payer. Il est donc important de mobiliser la demande existante et de générer une nouvelle demande.

Adoption de l'électricité dans les zones couvertes par le réseau : un fruit à portée de la main ?

Les chiffres de l'adoption dans les zones déjà couvertes par le réseau révèlent que des progrès sont largement possibles si les défis liés à la demande sont identifiés et traités de manière appropriée. Dans les 20 pays d'Afrique disposant des données les plus récentes de l'Enquête permanente sur les conditions de vie[1] depuis 2010, le taux médian d'adoption est de 57 %[2]. Des sources de données couvrant d'autres ensembles de pays indiquent des écarts plus ou moins importants (taux d'adoption de 46 % pour les Enquêtes démographiques et de santé [EDS][3] et de 70 % pour la plus récente enquête de l'Afrobaromètre[4]) (encadré 2.1).

Il existe d'importantes variations tant au sein des pays qu'entre eux. L'adoption est élevée dans quelques pays, tels que l'Afrique du Sud, le Cameroun, le Gabon et le Nigeria, mais est déficiente et souvent inférieure à 50 % dans d'autres, tels que le Malawi, l'Ouganda, le Niger, le Libéria et la Sierra Leone (figure 2.1 et carte 2.1, volet a).

Les taux d'adoption varient au sein d'un même pays, avec une forte concentration autour des grandes villes et des centres urbains. Par exemple, seule la région centrale de l'Ouganda, où se trouve la capitale, Kampala, a un taux d'adoption supérieur à 50 % (carte 2.1, volet b).

Le nombre élevé des ménages vivant dans des zones couvertes par le réseau, mais qui n'y sont pas raccordés soulève des questions à propos de la demande et des services d'électricité. Il peut également représenter une opportunité de progresser plus rapidement vers l'accès universel si les personnes non connectées peuvent être rapidement raccordées. Bien que le rythme de la croissance

ENCADRÉ 2.1

Sources des données

Dans ce rapport, les données du *Global Tracking Framework*, des Indicateurs du développement dans le monde (WDI), de l'Enquête permanente sur les conditions de vie (EPCV), des Enquêtes démographiques et de santé (EDS), de l'Afrobaromètre et du Cadre multi-niveaux (MTF) sont intensivement utilisées pour l'analyse. Dans certains cas, ces sources fournissent des chiffres différents pour la même variable d'intérêt (par exemple, l'accès à l'électricité). Plusieurs raisons expliquent les écarts, notamment les différentes années de réalisation des enquêtes, les pays compris dans les agrégations régionales, et la méthodologie adoptée pour l'échantillonnage et la mesure de l'accès. Par exemple, dans l'enquête de l'Afrobaromètre, l'accès est défini comme le pourcentage de ménages raccordés au réseau, tandis que dans les WDI, il est le pourcentage d'individus ayant l'électricité dans leurs habitations, quelle que soit la source. Malgré les différences entre les années des enquêtes, les corrélations globales entre les deux sources sont très élevées (figure B2.1.1). La corrélation entre les deux séries est de 0,84, indiquant ainsi que, même si le taux d'accès de l'Afrobaromètre est constamment supérieur à celui calculé par les WDI, l'analyse effectuée dans le présent rapport ne changerait pas si les données des WDI étaient utilisées.

(suite page suivante)

ENCADRÉ 2.1 (suite)

Figure B2.1.1 Corrélation entre les chiffres de l'accès à l'électricité tirés de l'Afrobaromètre et des indicateurs du développement dans le monde

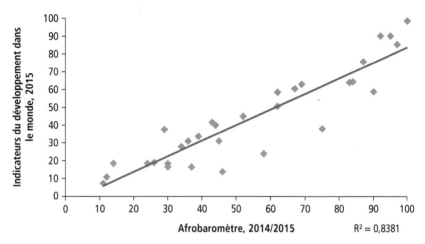

Source : Analyse fondée sur le cycle VI de l'Afrobaromètre, 2014/2015 et sur les Indicateurs du développement dans le monde de 2015.
Note : Les données des WDI (axe Y) fournissent la part de la population ayant accès à l'électricité. Les données de l'Afrobaromètre (axe X) indiquent la part des ménages ayant accès à l'électricité.

L'étude fait des données des WDI les chiffres officiels de l'accès utilisés dans le rapport. Toutefois, pour une analyse plus rigoureuse des caractéristiques des ménages, l'Afrobaromètre, les EDS et le MTF sont largement utilisés, car ils comprennent d'autres variables intéressantes.

---

démographique ait dépassé celui des taux d'accès au fil du temps, il n'en est pas de même de la couverture. La figure 2.2 montre l'évolution de l'accès, de la couverture et de la population dans dix pays africains où des données sont disponibles, couvrant 45 % de la population totale de la région.

Il ressort des estimations que, si tous les ménages vivant à proximité du réseau y étaient raccordés, le taux d'accès moyen doublerait presque dans ces dix pays africains. Pourquoi les ménages restent-ils non raccordés ? Cette situation constitue-t-elle une occasion facile d'accroître l'accès sans nécessairement étendre le réseau électrique, ou s'agit-il d'un problème plus complexe qui pourrait s'aggraver à mesure que le réseau atteint les zones restantes ? Les réponses à ces questions ne sont pas simples et requièrent une évaluation approfondie des problèmes liés à la demande, ce à quoi s'attache de diverses façons le reste du présent rapport.

Les problèmes les plus marquants du secteur de l'électricité sont notamment les larges déficits d'investissement, la taille inefficace des systèmes électriques des pays, la capacité technique insuffisante, et les médiocres performances des compagnies électriques (Eberhard *et al.*, 2011). Toutefois, le traitement des contraintes liées à l'offre doit aller de pair avec une meilleure compréhension des problèmes liés à la demande. Une fois que le service est disponible, si l'adoption et la consommation sont trop faibles, le secteur peut ne pas être financièrement viable. Une adoption insuffisante et une faible consommation décourageront également l'investissement dans le secteur.

La figure 2.3 montre l'évolution des chiffres de l'adoption en fonction du temps au Nigeria, au Cameroun, au Malawi, au Rwanda et au Kenya. Les chiffres

Figure 2.1 Adoption de l'électricité selon différentes sources

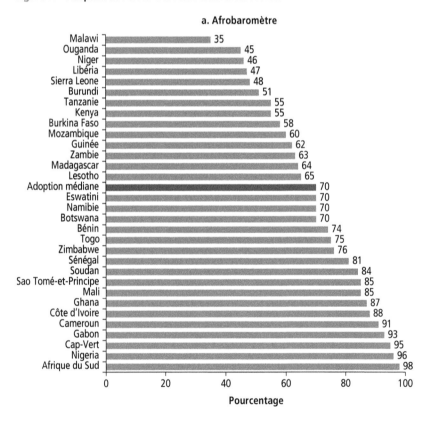

a. Afrobaromètre

(suite page suivante)

Figure 2.1 (suite)

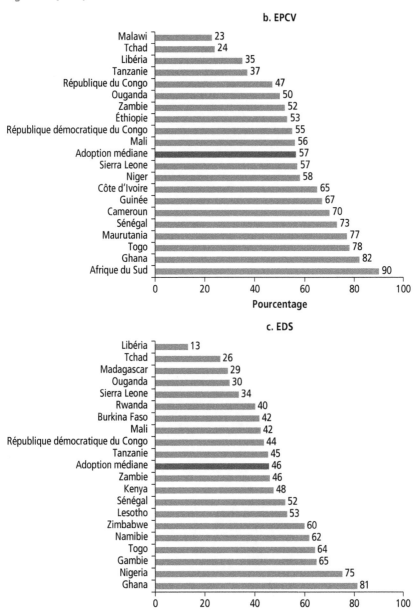

b. EPCV

Pays	Pourcentage
Malawi	23
Tchad	24
Libéria	35
Tanzanie	37
République du Congo	47
Ouganda	50
Zambie	52
Éthiopie	53
République démocratique du Congo	55
Mali	56
Adoption médiane	57
Sierra Leone	57
Niger	58
Côte d'Ivoire	65
Guinée	67
Cameroun	70
Sénégal	73
Maurutania	77
Togo	78
Ghana	82
Afrique du Sud	90

c. EDS

Pays	Pourcentage
Libéria	13
Tchad	26
Madagascar	29
Ouganda	30
Sierra Leone	34
Rwanda	40
Burkina Faso	42
Mali	42
République démocratique du Congo	44
Tanzanie	45
Adoption médiane	46
Zambie	46
Kenya	48
Sénégal	52
Lesotho	53
Zimbabwe	60
Namibie	62
Togo	64
Gambie	65
Nigeria	75
Ghana	81

Sources : Adapté de l'Afrobaromètre, des EPCV et des EDS.
Note : L'adoption fait référence aux ménages vivant dans des zones couvertes par le réseau, mais qui n'y sont pas raccordés. EDS = Enquêtes démographiques et de santé ; EPCV = Enquête permanente sur les conditions de vie.

Carte 2.1 Adoption de l'électricité chez les ménages vivant dans des zones couvertes par le réseau électrique

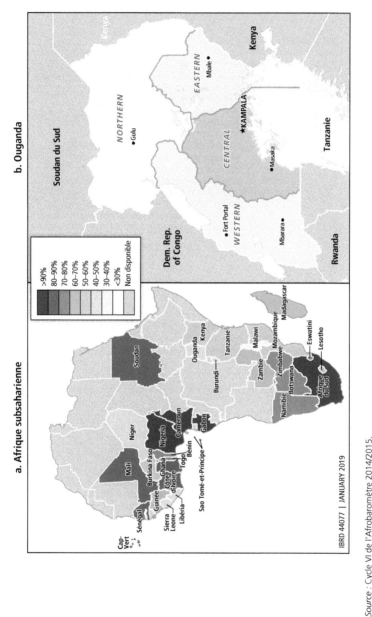

a. Afrique subsaharienne

b. Ouganda

IBRD 44077 | JANUARY 2019

Source : Cycle VI de l'Afrobaromètre 2014/2015.

Note : Le volet a présente le taux d'adoption de l'électricité dans 31 pays d'Afrique subsaharienne. Le taux d'adoption est le rapport entre le nombre de ménages raccordés au réseau et le nombre de ménages vivant dans des zones couvertes par le réseau. Le volet b présente le taux d'adoption dans toutes les régions de l'Ouganda, dont le taux national d'accès est de 24 % et le taux d'adoption de seulement 45 %.

Figure 2.2 Évolution de la couverture, de la population et de l'accès au fil du temps

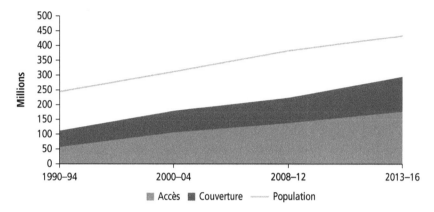

Source : Adapté des Enquêtes démographiques et de santé.
Note : La figure montre la population totale agrégée, la population vivant dans les zones couvertes par le réseau (couverture), et la population raccordée au réseau (accès) au Burkina Faso, au Ghana, au Kenya, à Madagascar, au Mali, au Nigeria, en Ouganda, au Rwanda, en Tanzanie et au Zimbabwe. La population totale des dix pays représente, en moyenne, 45 % de la population totale des pays de l'Afrique subsaharienne au fil des ans.

sont plus élevés au Nigeria et au Cameroun, mais restent inférieurs à 80 %. Le Rwanda et le Malawi ont récemment enregistré des augmentations significatives par rapport à un niveau de base très faible. Au Kenya, le taux d'adoption a augmenté au cours de la décennie précédant 2005 et diminué par la suite. Ce déclin est symptomatique du fait que les problèmes liés à la demande deviennent une contrainte plus importante à mesure que le pays étend le réseau aux zones rurales et plus défavorisées (encadré 2.2).

Un certain nombre de pays jouissent de taux de couverture élevés, mais ont des taux d'adoption nettement inférieurs à 100 %. Tandis que les différences de couverture entre les pays reflètent directement de larges écarts dans le développement des infrastructures, les disparités des taux d'adoption soulignent l'importance pour l'électricité des obstacles liés à la demande. Les pays peuvent être répartis en différentes catégories en fonction de la relation liant l'offre et la demande.

Le Cap-Vert est le seul pays où la couverture et le taux d'adoption sont très élevés, avec plus de 90 % de tous ses ménages raccordés au réseau. L'Eswatini a également une couverture élevée (96 %), mais seuls 69 % des ménages sont raccordés au réseau, plaçant l'accès universel à portée de main si les problèmes liés à la demande sont correctement identifiés et traités.

Le Nigeria, en revanche, a des taux d'adoption très élevés : 9 ménages sur 10 vivant dans les zones couvertes par le réseau y sont raccordés. Les chiffres sont également assez élevés dans les zones rurales, suggérant ainsi que les obstacles

Figure 2.3 Adoption de l'électricité au fil du temps dans certains pays

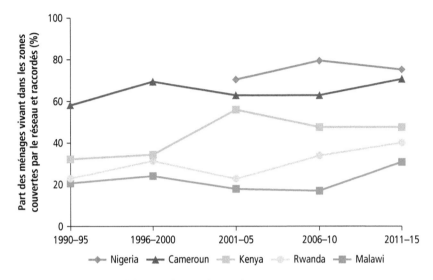

Source : Adapté des données de l'Enquête démographique et de santé.

ENCADRÉ 2.2

Taux d'adoption à un niveau granulaire dans les zones rurales du Kenya et de la Tanzanie

Adoption dans les zones rurales du Kenya

Des chercheurs ont effectué une analyse exhaustive de l'électrification dans les zones rurales du Kenya (Lee *et al.*, 2016). Les ménages et les entreprises situés à moins de 0,6 km d'un transformateur dans 150 collectivités de l'ouest du pays ont été géolocalisés là où des investissements en capital avaient été consentis dans l'infrastructure du réseau au fil des ans. Avec une moyenne de 5,5 et 22,3 % pour les ménages et les entreprises, respectivement, les taux d'électrification sont restés très faibles, y compris chez les ménages relativement aisés. La figure B2.2.1 montre que, jusqu'à cinq ans après l'investissement dans l'infrastructure, seule une petite fraction des ménages et entreprises étaient raccordés. L'une des principales raisons en est le niveau élevé des frais de connexion (35 000 shillings kenyans ou 412 USD au moment de l'enquête), ce qui pourrait être corrigé par des subventions et des approches novatrices de financement. En même temps, les formalités administratives, le manque de fiabilité du réseau et les contraintes du crédit aux ménages suppriment la demande (Lee, Miguel et Wolfram, 2016).

(suite page suivante)

ENCADRÉ 2.2 (suite)

Figure B2.2.1 Taux moyens d'électrification communautaire des transformateurs, par type de structure et année de financement ou d'installation

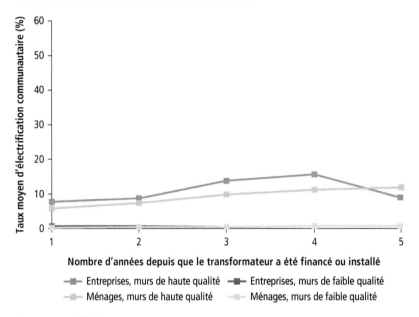

Nombre d'années depuis que le transformateur a été financé ou installé

- ■ Entreprises, murs de haute qualité
- ■ Entreprises, murs de faible qualité
- ■ Ménages, murs de haute qualité
- ■ Ménages, murs de faible qualité

Source : Lee *et al.* (2016).
Note : Les communautés de transformateurs sont regroupées par année de projet de l'Autorité d'électrification rurale, à savoir l'exercice financier au cours duquel chaque projet a été choisi et financé pour l'électrification. Les structures disposant de murs de haute qualité sont celles construites en briques, ciment ou pierres. Les structures dont les murs sont de faible qualité sont faites de boue, de roseau, de bois ou de fer.

Adoption en Tanzanie

La *Millenium Challenge Corporation* a financé un grand projet d'électrification en Tanzanie entre 2008 et 2011. Mis en œuvre par l'État tanzanien, ce projet visait à promouvoir l'inclusion économique et à réduire la pauvreté. Le projet consistait à ajouter de nouvelles lignes au réseau électrique et à offrir des raccordements à faible coût aux ménages d'un sous-ensemble de communautés bénéficiant de ces nouvelles lignes. Des chercheurs de *Mathematica Policy Research* ont évalué l'impact du programme dans un rapport publié en 2017 (Chaplin *et al.*, 2017). Le rapport révèle que, même s'il a augmenté le nombre de nouveaux raccordements et le taux de raccordement dans les communautés bénéficiaires des offres de raccordement à faible coût, le projet a connu moins de succès que prévu. Le nombre de nouvelles connexions a été inférieur à un tiers de ce qui était initialement prévu. De plus, à l'issue d'une analyse solide et exhaustive, les chercheurs ont constaté que la probabilité de raccordement diminuait

(suite page suivante)

ENCADRÉ 2.2 (suite)

Figure B2.2.2 Probabilité de raccordement et distance jusqu'au poteau électrique le plus proche

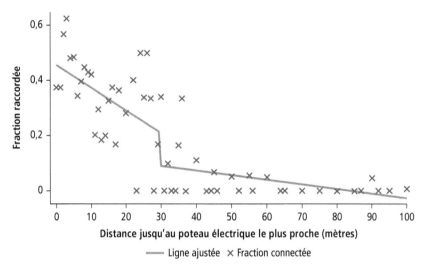

Source : Chaplin et al. (2017).

avec la distance du ménage au poteau électrique le plus proche. La figure B2.2.2 montre que la probabilité de raccordement diminue fortement pour les ménages situés à plus de 30 mètres du poteau le plus proche. L'entreprise nationale d'électricité a imposé une règle qui a augmenté substantiellement les frais de raccordement pour les ménages vivant en dehors d'un rayon de 30 mètres.

liés à l'offre, y compris la capacité de production et l'extension de l'infrastructure, constituent davantage un défi que la demande, même si le vol d'électricité et le paiement des factures restent des problèmes. Les taux d'adoption sont également élevés en Guinée, au Mali, au Mozambique et en Sierra Leone (plus de 80 %), mais sont faibles au Libéria et au Malawi (moins de 50 %).

Faible volonté à payer malgré un désir élevé d'accès à l'électricité

Des études révèlent une faible volonté de payer pour l'accès à l'électricité dans les pays africains, tant pour l'accès au réseau que pour les solutions hors réseau, en particulier dans les zones rurales. Une étude porte sur l'adoption du réseau dans les zones rurales du Kenya (Lee, Miguel et Wolfram, 2016). Les chercheurs ont proposé trois niveaux de frais de raccordement au groupe de traitement d'un échantillon de ménages (0 USD, 171 USD et 284 USD) et maintenu pour le groupe témoin les frais de raccordement officiellement en vigueur de 398 USD. L'étude a révélé que, l'adoption était pratiquement universelle lorsque le coût était nul, mais était encore relativement faible au coût de 171 USD L'adoption augmentait lorsque les frais de raccordement diminuaient, mais pas d'une manière aussi nette que prévu. L'adoption chez les ménages ayant un logement caractérisé par des « murs de haute qualité » atteignait plus de deux fois celle des ménages ayant un logement avec des « murs de faible qualité ». Il y avait également une forte corrélation entre l'approche des préférences révélées et la volonté de payer déclarée. En 2015, le Kenya a adopté le programme phare *Last Mile Electrification* (Électrification du dernier kilomètre) avec le soutien financier de la Banque mondiale et de la Banque africaine de développement. Les frais de raccordement y étaient réduits à 15 000 shillings kenyans (171 USD).

Les données du Cadre multi-niveaux (MTF) de la Banque mondiale permettent d'approfondir l'étude de la volonté de payer dans les pays africains. La figure 2.4 présente les résultats obtenus au Rwanda à l'aide des données du MTF.

Figure 2.4 **Volonté déclarée de payer pour les services de l'électricité au Rwanda**

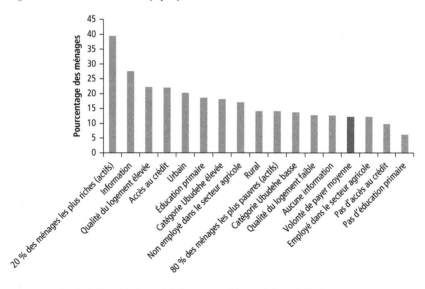

Source : Données du Cadre multi-niveaux de la Banque mondiale pour le Rwanda 2017.
Note : Les 20 premiers (actifs) correspondent aux 20 % des ménages les plus riches déterminés à l'aide d'un indice mesurant la possession d'actifs. Ubudehe est un terme utilisé au Rwanda pour classer les ménages dans différentes catégories socioéconomiques. Plus la catégorie est élevée, plus le ménage est aisé.

Figure 2.5 Déterminants de la volonté de payer pour les services de l'électricité au Rwanda

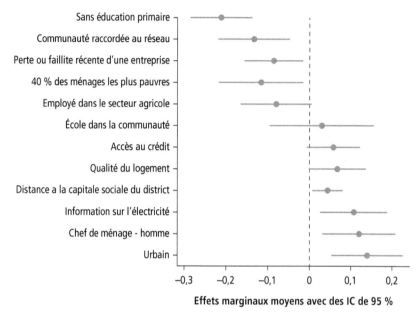

Source : Estimations à l'aide des données du Cadre multi-niveaux de la Banque mondiale pour le Rwanda 2017.
Note : IC = intervalle de confiance.

Seuls 12 % des chefs de ménage ont accepté l'une des trois options présentées. Lorsque les résultats sont ventilés par statut social et économique à l'aide d'un large éventail de variables, l'adoption était faible presque partout, le taux le plus élevé se trouvant chez les 20 % de ménages les plus riches, dont le taux d'adoption atteignait 40 %. Cette constatation coïncide avec les résultats expérimentaux de Grimm *et al.* (2016) sur les solutions d'éclairage hors réseau dans le même pays, même si ces données concernent les tarifs de raccordement au réseau.

Une faible volonté de payer n'implique pas un faible désir d'accéder au service. Au contraire, le désir de raccordement est élevé au sein des communautés. Le travail sur le terrain réalisé dans le cadre de cette étude en Éthiopie, en Gambie, au Nigeria et au Sénégal met en évidence des contraintes telles que l'accessibilité financière (des coûts non seulement de raccordement, mais aussi des appareils appelés à utiliser les services de l'électricité).

Les résultats soulignent que les chiffres relatifs à la volonté de payer peuvent être principalement déterminés par la capacité de payer (c'est-à-dire les contraintes liées au faible revenu et au crédit).

L'analyse des déterminants de la volonté de payer pour le raccordement au réseau requiert de tenir compte d'une série de facteurs (niveau d'éducation, richesse, emploi ou non dans le secteur agricole, et infrastructure au sein de la communauté). La figure 2.5 illustre quelques facteurs d'intérêt. Elle fournit les effets marginaux moyens d'une série de facteurs sur la probabilité que les personnes soient prêtes à accepter le raccordement à un prix donné. La figure montre que la contrainte liée au crédit (liquidité), la qualité du logement, et l'information sur l'électricité affectent la volonté de payer. Les données du Libéria illustrent également ce point (encadré 2.3).

ENCADRÉ 2.3

Volonté à payer déclarée au Libéria et en Zambie

La volonté « déclarée » de payer pour un raccordement au réseau au Libéria est estimée à l'aide des données du Cadre multi-niveaux. La volonté de payer donne un aperçu du rôle des frais de raccordement dans la stimulation de l'adoption de l'électricité. Six tarifs de raccordement différents (54 USD, 38 USD, 31 USD, 23 USD, 16 USD et 8 USD) ont été assignés aux ménages de façon aléatoire. Ils ont été établis par rapport au coût de raccordement officiel de l'électricité estimé à 54 USD (Banerjee *et al.*, 2017). Les ménages se sont ainsi vu offrir aléatoirement différents niveaux de subventions du raccordement allant de 0 à 100 %.

Les contraintes de liquidité sont connues en tant qu'obstacle majeur à la volonté d'un ménage de payer pour des commodités telles que l'électricité (Greenstone et Jack, 2015). Afin d'examiner dans quelle mesure l'assouplissement des contraintes de crédit influence la volonté de payer et l'adoption de l'électricité, quatre options de paiement ont été offertes aux ménages (paiement initial de 100 %, paiement échelonné sur 3 mois, paiement échelonné sur 6 mois et paiement échelonné sur 12 mois).

Les résultats des calculs de la volonté de payer sont présentés dans la figure B2.3.1. Pour le tarif de raccordement officiel de 54 USD, le taux d'adoption varie entre 10 % (paiement initial de la totalité des frais) et 15 % (paiement échelonné sur 12 mois). Il est intéressant de noter que, même avec une subvention de 100 % (frais de raccordement nuls), l'adoption de l'électricité est inférieure à 100 %. Cela ne signifie pas pour autant que les 9 % de ménages qui ont décliné l'offre de raccordement n'accordent aucune valeur à l'électricité, mais plutôt que les frais de raccordement officiels ne représentent pas l'entièreté des frais. Le prix du câblage représente une part importante du coût total de connexion et dépend souvent de la taille et de la qualité de l'infrastructure du logement. En effet, plus de 90 % des ménages participant à l'enquête qui ont refusé l'offre de raccordement ont attribué leur décision à leur incapacité à assumer le coût du câblage. Ce résultat souligne la nécessité que les

(suite page suivante)

ENCADRÉ 2.3 (suite)

Figure B2.3.1 **Volonté déclarée à payer pour l'électricité du réseau au Libéria**

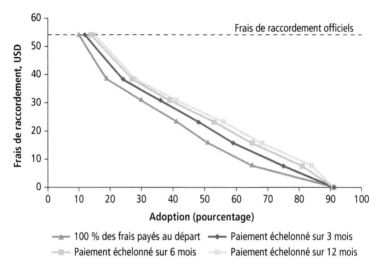

Source : Données du Cadre multi-niveaux de la Banque mondiale pour le Libéria 2017.

Figure B2.3.2 **Volonté déclarée à payer pour l'électricité du réseau en Zambie**

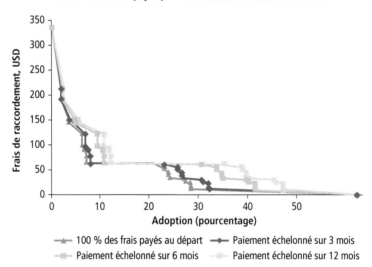

Source : Données du Cadre multi-niveaux de la Banque mondiale pour la Zambie 2018.

(suite page suivante)

ENCADRÉ 2.3 (suite)

politiques visant à étendre l'adoption ne se bornent pas à mettre l'accent sur les frais de raccordement officiels, mais envisagent également des stratégies pour réduire les coûts de câblage et autres obstacles non monétaires au raccordement.

De plus, des facilités de paiement semblent avoir moins d'importance lorsque les frais de raccordement sont élevés. Par exemple, pour des frais de raccordement de 16 USD, l'offre d'un plan de paiement échelonné sur 6 mois augmente l'adoption de 15 %. Par contre, celle-ci n'augmente que de 7 % lorsque les frais de raccordement sont de 38 USD même avec un plan de paiement échelonné sur 6 mois.

Les données similaires enregistrées en Zambie (figure B2.3.2) montrent des résultats qualitativement équivalents, c'est-à-dire une volonté de payer moyenne globalement faible.

L'offre et la demande sont interdépendantes, mais la demande est plus importante qu'il n'y paraît

Des considérations liées à la fois à l'offre et à la demande influent sur le déficit d'accès à l'électricité en Afrique. Bien que moins étudiées dans la littérature, les questions associées à la demande sont reconnues depuis déjà un certain temps. Il n'est pas facile de distinguer nettement les questions liées à l'offre de celles liées à la demande. Pour y parvenir, Foster et Caridad Araujo (2004) utilisent une décomposition statistique, dans le cadre d'une étude de l'infrastructure et de la pauvreté au Guatemala, pour évaluer dans quelle mesure le taux d'accès à l'électricité dépend uniquement de la demande, uniquement de l'offre ou de contraintes mixtes liées à la fois à l'offre et à la demande. L'hypothèse était que la raison du non-raccordement de certains ménages vivant dans une zone couverte par une infrastructure électrique ne peut être un obstacle lié à l'offre.[5] Inversement, on pouvait supposer que, dans les zones non couvertes par le réseau électrique, l'absence de connexion est principalement imputable à l'offre.

Cette approche suppose que les contraintes liées à l'offre ne constituent pas un facteur déterminant dans les zones couvertes par le réseau, ce qui n'est pas toujours exact, parce qu'un ménage vivant dans une de ces zones peut habiter loin du poteau électrique le plus proche, ou parce que des problèmes de fiabilité peuvent rendre l'électricité non désirable pour les ménages résidant dans ces zones. Dans le cadre de l'étude de la Banque mondiale intitulée Diagnostic des infrastructures nationales en Afrique, Wodon *et al.* (2009) ont complété la méthodologie avec un modèle économétrique. Ils prédisent l'adoption à l'aide des données des EDS de 32 pays africains afin de distinguer les parts respectives des problèmes liés à l'offre ou à la demande. Ils constatent que les contraintes liées à la demande peuvent expliquer jusqu'à 52 % des déficits d'accès à l'électricité en Afrique[6].

La figure 2.6 présente les résultats de l'application de cette méthodologie à 31 pays africains[7] avec de nouvelles données disponibles et une série de variables expliquant l'adoption par les ménages (Blimpo, Postepska et Xu, 2018). Les facteurs liés à la demande pourraient expliquer 37 % du déficit d'accès sur la base d'hypothèses prudentes[8]. Comme on pouvait s'y attendre, dans les zones rurales, le déficit lié à l'offre prévaut (42 % par rapport à 32 % pour le déficit lié à la demande). En revanche, dans les zones urbaines, 70 % du déficit d'accès est attribué à des facteurs liés à la demande. L'analyse met en évidence la divergence au sein de la région entre les facteurs expliquant le déficit d'accès à l'électricité. L'Afrique centrale est la plus touchée par les contraintes liées à la demande, qui représentent 80 % du déficit d'accès. Elle est suivie, dans l'ordre, par l'Afrique australe, l'Afrique de l'Ouest et enfin l'Afrique de l'Est. Une fois de plus, l'analyse souligne la nécessité d'identifier les contraintes liées à la demande et de tenter de les atténuer. Il ne s'agit toutefois

Figure 2.6 Décomposition du déficit d'accès, par région

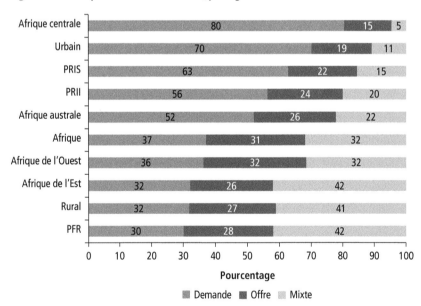

Source : Calculs utilisant les données de l'Afrobaromètre et adaptés de Blimpo, Postepska et Xu (2018).
Note : PFR = pays à faible revenu ; PRII = pays à revenu intermédiaire, tranche inférieure ; PRIS = pays à revenu intermédiaire, tranche supérieure.

que du premier pas vers l'objectif final ; l'étape suivante consistera à amener les ménages raccordés à consommer plus d'énergie qu'actuellement.

L'importance relative des contraintes liées à la demande et à l'offre varie selon les pays. La taille limitée de l'échantillon ne permet pas une estimation précise par pays, mais la figure 2.6 montre les résultats obtenus lorsque ce même exercice est appliqué à des sous-groupes de pays. Les contraintes liées à la demande sont plus prononcées dans la région de l'Afrique centrale et le sont moins en Afrique de l'Est. À mesure que le niveau des revenus augmente, les considérations liées à la demande augmentent aussi, très probablement parce que les pays peuvent étendre le réseau à des zones plus défavorisées. La demande d'électricité augmente également même dans les zones défavorisées en raison de la forte pénétration des technologies de l'information et de la communication, en particulier le téléphone portable (encadré 2.4). Les considérations liées à la demande représentent 56 % de la contrainte globale dans les pays à revenu intermédiaire de la tranche inférieure, contre 30 % dans les pays à faible revenu. Enfin, la demande explique la part du déficit plus importante dans les régions urbaines (70 %) que dans les zones rurales (32 %).

ENCADRÉ 2.4

Mobiliser la demande

La forte pénétration des téléphones mobiles dans les pays africains, y compris dans les zones rurales, est une indication du fort potentiel d'adoption de l'électricité ainsi que de la demande existante. Bien que les téléphones mobiles aient besoin d'électricité pour se recharger, le taux de possession des téléphones mobiles est nettement plus élevé dans les ménages ruraux d'Afrique subsaharienne que la disponibilité de l'électricité (voir figure B2.4.1). En moyenne, 59 % des ménages ruraux ont un téléphone mobile contre à peine 17 % pour l'électricité. Le Bénin est le seul pays où le nombre des ménages ruraux disposant de l'électricité est supérieur à celui des ménages ayant des téléphones mobiles.

Les téléphones mobiles doivent être rechargés, et les ménages non raccordés au réseau trouvent des moyens de le faire. Les utilisateurs dépensent, en moyenne, 9,60 USD par an pour recharger les batteries de leurs téléphones cellulaires à l'extérieur de leur domicile, contre une moyenne d'à peine 1,25 USD s'ils disposaient d'un raccordement à l'électricité (figure B2.4.2, volet a). On estime qu'en 2014, un total de 2,4 milliards USD a été dépensé en Afrique pour la recharge des téléphones mobiles hors réseau. Les ménages dépensent encore plus en kérosène et bougies pour l'éclairage hors réseau (figure B2.4.2, volet b). Les 17 milliards USD dépensés pour l'éclairage hors réseau et la recharge des téléphones portables équivalent à peu près à l'investissement annuel dans l'électricité en Afrique.

(suite page suivante)

ENCADRÉ 2.4 (suite)

Figure B2.4.1 Accès à l'électricité et possession de téléphones mobiles, ménages ruraux en Afrique subsaharienne, 2016 ou dernières données disponibles

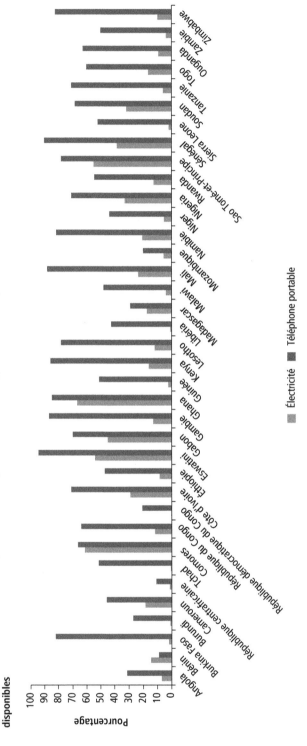

Sources : Enquêtes démographiques et de santé ; Enquêtes par grappes à indicateurs multiples.

(suite page suivante)

ENCADRÉ 2.4 (suite)

Figure B2.4.2 **Coût annuel de la recharge des téléphones mobiles et d'un éclairage hors réseau et coût de la recharge des téléphones mobiles**

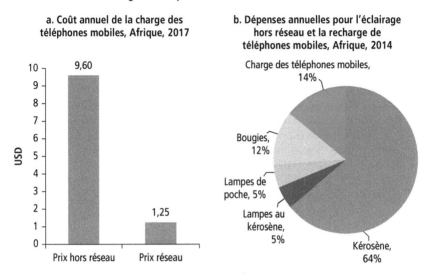

a. **Coût annuel de la charge des téléphones mobiles, Afrique, 2017**

b. **Dépenses annuelles pour l'éclairage hors réseau et la recharge de téléphones mobiles, Afrique, 2014**

Source : Adapté de Bloomberg New Energy Finance and Lighting Global 2016.

Conclusion

Pour rendre l'expansion de l'électricité financièrement viable et encourager la participation du secteur privé au secteur de l'électricité, les taux d'adoption doivent être améliorés, de même que la consommation. Les contraintes liées à la demande doivent être des considérations essentielles pour les stratégies d'électrification dans la région. Ces questions prennent de plus en plus d'importance à mesure que l'expansion du réseau ou les solutions hors réseau touchent davantage de zones rurales et défavorisées. Les efforts visant à réduire les frais de raccordement ou à introduire des compteurs intelligents ont indirectement résolu certains des problèmes dans le passé. Des efforts proactifs et concertés sont nécessaires pour comprendre et contourner les contraintes critiques. La part importante des ménages non raccordés vivant dans les zones couvertes par le réseau électrique signifie que de gros progrès peuvent y être réalisés en matière d'accès universel, sans nécessairement engager les investissements massifs dans l'infrastructure requis pour étendre le réseau. L'exercice de décomposition effectué dans le présent chapitre suggère que, dans certains pays, les considérations liées à la demande prennent le pas sur le manque d'offre. Le chapitre suivant identifie et analyse ces contraintes.

Notes

1. Les enquêtes permanentes sur les conditions de vie sont des enquêtes auprès des ménages réalisées par la Banque mondiale. Voir http://go.worldbank.org /IPLXWMCNJ0.
2. Le taux d'adoption est calculé à l'aide d'une analyse des microdonnées de l'enquête. Il suppose que, si un ménage a accès à l'électricité, tous les autres ménages de la zone de recensement se trouvent dans le rayon d'action du réseau. Le taux d'adoption est défini comme la proportion de personnes vivant dans une zone couverte par le réseau et disposant d'un raccordement électrique.
3. Les enquêtes démographiques et de santé sont des enquêtes auprès des ménages soutenues par l'Agence américaine pour le développement international. Elles sont généralement menées en collaboration avec les agences statistiques nationales et les ministères de la Santé. Voir https:// dhsprogram.com.
4. L'Afrobaromètre mène une série d'enquêtes d'opinion dans toute la région. Il a recueilli des informations sur l'accès à l'électricité au cours de son cycle 2014/15 comportant près de 54 000 entretiens dans 36 pays africains. Voir http://afrobarometer.org /publications/ad75-unreliable-electricity-supply-still-plague-majority-of-africans.
5. Voir le site *Doing Business* de la Banque mondiale (http://www.doingbusiness.org /en/data/exploretopics/getting-electricity).
6. L'étude a défini les contraintes liées à la demande uniquement sur la base des quintiles de revenu en utilisant, en tant que variable de remplacement, un indice fondé sur la possession de biens durables par les ménages.
7. Afrique du Sud, Bénin, Botswana, Burkina Faso, Burundi, Cap-Vert, Cameroun, Côte d'Ivoire, Eswatini, Gabon, Ghana, Guinée, Kenya, Lesotho, Libéria, Madagascar, Malawi, Mali, Mozambique, Namibie, Niger, Nigeria, Ouganda, Sao Tomé-et-Príncipe, Sénégal, Sierra Leone, Soudan, Tanzanie, Togo, Zambie et Zimbabwe.
8. La décomposition suppose que 10 % du déficit dans les zones couvertes par le réseau est encore dû à des problèmes liés à l'offre, tels que des ménages vivant à une distance déraisonnable du poteau électrique le plus proche. Elle suppose également que si le réseau était étendu aujourd'hui aux zones non couvertes, l'adoption atteindrait deux tiers du taux d'adoption actuel dans les zones couvertes.

Références bibliographiques

AIE (Agence internationale de l'énergie). 2014. Outlook, Africa Energy: A Focus on Energy Prospects in Sub-Saharan Africa. Paris : Agence internationale de l'Énergie.

Banerjee, S. G., F. A. Moreno, J. E. Sinton, T. Primiani et J. Seong. 2017. *Regulatory Indicators for Sustainable Energy: A Global Scorecard for Policy Makers.* Washington, DC : Groupe de la Banque mondiale.

Blimpo, M. P., A. Postepska et Y. Xu. 2018. "Why Is Household Electricity Uptake Low in Sub-Saharan Africa?", Document de travail, Banque mondiale, Washington, DC.

Bloomberg New Energy Finance et Lighting Global. 2016. *Off-Grid Solar Market Trends Report*. Washington, DC : Banque mondiale. https://www.esmap.org/node/71032.

Castellano, A., A. Kendall et M. Nikomarov. 2015. *Brighter Africa: The Growth Potential of the Sub-Saharan Electricity Sector*. McKinsey & Company.

Chaplin, D., A. Mamun, A. Protik, J. Schurrer, D. Vohra, K. Bos, H. Burak, L. Meyer, A. Dumitrescu, C. Ksoll et T. Cook. 2017. "Grid Electricity Expansion in Tanzania by MCC: Findings from a Rigorous Impact Evaluation". Millennium Challenge Corporation, Princeton, NJ.

Eberhard, A., O. Rosnes, M. Shkaratan et H. Vennemo. 2011. *Africa's Power Infrastructure: Investment, Integration, Efficiency*. Washington, DC : Banque mondiale.

Foster, V. et M. Caridad Araujo. 2004. "Does Infrastructure Reform Work for the Poor? A Case Study from Guatemala". Document de recherche sur les politiques 3185, Banque mondiale, Washington, DC.

Greenstone, M. et K. B. Jack. 2015. "Envirodevonomics: A Research Agenda for an Emerging Field". *Journal of Economic Literature* 53 (1) : 5–42.

Grimm, M., A. Munyehirwe, J. Peters et M. Sievert. 2016. "A First Step Up the Energy Ladder? Low Cost Solar Kits and Household's Welfare in Rural Rwanda". Document de recherche sur les politiques 7859, Banque mondiale, Washington, DC. https://openknowledge.worldbank.org/handle/10986/25304.

Lee, K., E. Brewer, C. Christiano, F. Meyo, E. Miguel, M. Podolsky, H. Rosa et C. Wolfram. 2016. "Barriers to Electrification for 'Under Grid' Households in Rural Kenya". *Development Engineering* 1 (Supplement C) : 26-35.

Lee, K., E. Miguel et C. Wolfram. 2016. "Experimental Evidence on the Demand for and Costs of Rural Electrification". Working Paper 22292, National Bureau of Economic Research, Cambridge, MA.

Steinbuks, J. et V. Foster. 2010. "When Do Firms Generate? Evidence on In-House Electricity Supply in Africa". *Energy Economics* 32 (3) : 505-14.

Wodon, Q. T., S. G. Banerjee, A. B. Diallo et V. Foster. 2009. "Is Low Coverage of Modern Infrastructure Services in African Cities Due to Lack of Demand or Lack of Supply?" Document de recherche sur les politiques 4881, Banque mondiale, Washington, DC. http://documents.worldbank.org/curated/en/171921468010246258/pdf/WPS4881.pdf.

Chapitre 3

Permettre une meilleure adoption : contraintes et opportunités

Une plus rapide progression vers l'accès universel à l'électricité dans les pays de l'Afrique subsaharienne (ci-après dénommés africains ou de l'ASS) requerra d'identifier les contraintes et les leviers politiques agissant sur l'adoption[1], l'accessibilité financière, la volonté de payer et la consommation. Ces questions sont essentielles dans les zones qu'elles soient couvertes par le réseau électrique ou non. La structuration de la demande d'électricité en Afrique selon la théorie de base du consommateur suppose que celui-ci choisit généralement un ensemble de biens et services parmi les options disponibles, de manière à en tirer un *bénéfice escompté maximum*. Ces choix sont limités par le budget du ménage et les prix en vigueur des divers biens et services (von Neumann et Morgenstern, 1944). Du point de vue théorique, il en découle directement que, pour faire progresser l'accès universel, l'électricité doit être rendue disponible et abordable, mais également procurer aux ménages des avantages significatifs par rapport à leurs autres besoins et désirs concurrents.

Toutefois, les problèmes de coûts irrécupérables et de prise en compte appropriée des coûts d'opportunité, qui peuvent tous exister dans le cadre de la demande d'électricité, entraînent des divergences par rapport à la théorie classique, laissant ainsi ouvertes des questions empiriques (Thaler, 1980). Par exemple, plusieurs études suggèrent que les ménages consacrent une part importante de leurs revenus à des sources d'énergie alternatives alors que, dans de nombreux cas, ces mêmes sommes leur permettraient d'avoir accès à une énergie moderne plus efficace (Bacon, Bhattacharya et Kojima, 2010). Il est également possible que ces diverses sources remplissent différentes fonctions pour ces ménages et qu'à elle seule, l'électricité n'arrive pas à les remplacer complètement.

Le présent chapitre examine principalement les problèmes liés à la demande. Des efforts concertés seront toutefois nécessaires tant du côté de l'offre que de la demande pour réaliser l'énorme tâche requise pour l'accès universel. Dans la plupart des pays africains, les niveaux de revenu des ménages pauvres sont trop bas pour leur permettre une consommation d'électricité significative, même avec des tarifs sociaux, et *a fortiori* avec des prix reflétant les coûts.

Par conséquent, l'accès à l'électricité doit être envisagé dans le cadre d'un effort plus large de productivité et de création d'emplois, de sorte qu'une adoption et une consommation accrues s'inscrivent dans le cadre d'une amélioration des revenus des ménages.

En outre, l'électricité n'est pas un produit de consommation finale, mais uniquement un intrant ou un moyen intermédiaire pour les services souhaités. En plus de l'éclairage, l'accès aux services de l'électricité nécessite l'acquisition d'appareils, souvent assez coûteux par rapport aux revenus du ménage. Par conséquent, la question inévitable à se poser en réfléchissant à l'accès à l'électricité est de déterminer si les ménages prendraient simultanément ces décisions de dépense ou se raccorderaient d'abord, et acquerraient ensuite les appareils souhaités. Une approche plus sensée de la réflexion sur la demande et l'accès ne chercherait pas seulement que les prix diminuent, mais aussi que l'adoption et la consommation augmentent, et que l'énergie contribue à permettre aux ménages d'accroître leur productivité et leurs revenus grâce à un accès simultané à des intrants complémentaires (des appareils productifs, par exemple)[2].

Influences macro sur l'adoption et la consommation

Une évaluation élémentaire des questions d'offre et de demande indique qu'une baisse des prix ainsi qu'une augmentation des revenus des ménages sont nécessaires pour enregistrer des progrès plus rapides. L'effort consistera, d'une part, à amener plus de personnes actuellement couvertes par le réseau à s'y raccorder (densification) et, d'autre part, à rendre l'électricité accessible dans des zones actuellement non couvertes par le réseau (extensification). L'analyse des données issues de plusieurs sources indique que la variation des taux d'adoption entre les pays est étroitement liée à l'urbanisation, à la densité démographique, au développement industriel, et au degré de fiabilité du service (tableau 3.1). L'importance de l'urbanisation dans l'adoption doit être largement considérée dans les futures stratégies globales d'électrification de la région

La figure 3.1 montre la relation entre la consommation d'électricité et l'urbanisation. Une étude régionale récente met en évidence les défis auxquels sont confrontées les villes africaines dont les infrastructures ne suivent pas la rapide croissance démographique (Lall, Henderson et Venables, 2017). L'urbanisation africaine peut sembler atypique comparée à ce qui se passe actuellement dans d'autres régions, avec des implications potentiellement

Tableau 3.1 Facteurs influants sur l'adoption et la consommation

Indicateur	Adoption	Consommation
Log RNB		+++
Population urbaine	+++	+++
Densité démographique	+	+++
Valeur ajoutée dans l'agriculture Valeur ajoutée dans les services	+++	
Indice de gouvernance	+++	++
Fiabilité	+	

Sources : Afrobaromètre 2014 ; Indicateurs du développement dans le monde 1990-2016 ; Statistiques énergétiques mondiales 2015.
Note : L'indice de gouvernance (indice Mo Ibrahim) est utilisé pour analyser l'adoption, tandis que les données sur l'efficacité des pouvoirs publics tirées des indicateurs de gouvernance mondiale sont employées pour analyser la consommation. On considère 31 pays pour l'analyse de l'adoption et 24 pour la consommation. RNB = revenu national brut. +, ++, +++ représentent, respectivement, des significations statistiques de 10 %, 5 % et 1 %.

Figure 3.1 Consommation d'électricité et urbanisation

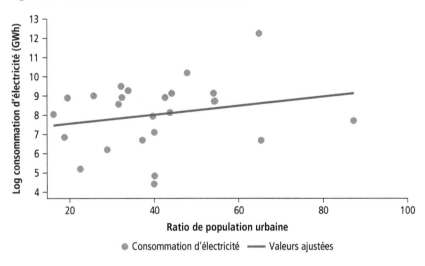

Source : Statistiques énergétiques mondiales 2015.
Note : GWh = Gigawattheure.

importantes pour les stratégies d'électrification africaines, qui, à leur tour, influencent la manière dont se déroule l'urbanisation.

Par rapport à celle d'autres régions en développement du monde, la consommation annuelle totale d'électricité est restée très faible en Afrique au cours des 25 dernières années. L'Afrique est également la seule région où la consommation d'énergie des industries est supérieure à celle des ménages (figure 3.2).

Figure 3.2 Consommation de l'électricité, par groupe de pays

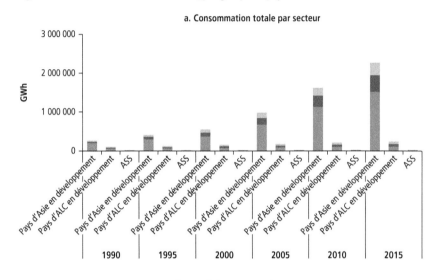

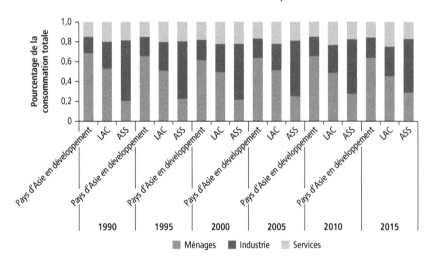

Source : Statistiques sur l'énergie dans le monde, 1990-2015.
Note : La consommation est pondérée par la population de chaque pays de la région. L'Asie en développement comprend 11 pays (Cambodge, Chine, Inde, Indonésie, Malaisie, Népal, Philippines, RDP Lao, Sri Lanka, Thaïlande, Viet Nam). L'Amérique latine et les Caraïbes (ALC) regroupent 18 pays (Argentine, Bolivie, Brésil, Colombie, Costa Rica, Cuba, Équateur, Guatemala, Honduras, Jamaïque, Mexique, Nicaragua, République dominicaine, Panama, Pérou, Paraguay, El Salvador et République bolivarienne du Venezuela). GWh = Gigawattheure ;

D'après les données les plus récentes (2015), dans les pays d'Asie en développement, la consommation des ménages représente 64 % contre 20 % pour l'industrie, alors qu'en Afrique, elle est de 54 % pour l'industrie et de 29 % pour les ménages.

Quels sont les moteurs de l'adoption dans les zones couvertes par le réseau ?

De nombreux facteurs influencent la demande et l'utilisation d'électricité. Parmi eux figurent la faible volonté de payer pour l'accès à l'électricité, les bas niveaux de revenu, les flux irréguliers de revenu, la médiocre qualité des logements, et le manque de fiabilité du service de l'électricité (Blimpo, Postepska et Xu, 2018). En outre, de récentes études ont porté une attention particulière aux frais de raccordement, en les analysant du point de vue à la fois des compagnies électriques et des ménages (Blimpo, McRae et Steinbuks, 2018 ; Blimpo *et al.*, 2018).

Frais de raccordement : un obstacle critique à l'entrée

Les frais de raccordement sont le montant fixe initial payé par les nouveaux clients pour être raccordés au réseau de distribution. Golumbeanu et Barnes (2013) examinent et montrent la relation entre les faibles taux d'électrification et les frais de raccordement élevés. Pour comprendre cet obstacle clé à l'accès, surtout pour les pauvres, Blimpo *et al.* (2018) présentent des faits relatifs au processus et aux frais de raccordement pour quelques ménages récemment raccordés dans dix pays africains (Cameroun, Côte d'Ivoire, Éthiopie, Gabon, Ghana, Niger, Nigeria, Rwanda, Togo et Zimbabwe). Ils s'intéressent à des ménages dont l'accès est récent (dans l'année pour la plupart) et incluent des entretiens avec des fournisseurs de services. Leurs quatre observations clés relatives aux politiques susceptibles de stimuler l'adoption sont décrites ci-dessous.

Le processus de raccordement est souvent décourageant

Les conditions et le processus de raccordement sont souvent normalisés et mal conçus pour alléger les contraintes auxquelles sont confrontés les pauvres. La figure 3.3 présente les étapes standard requises pour obtenir un raccordement. Ces étapes sont à peu près similaires dans la plupart des 10 pays étudiés. Pour un ménage tenté par un raccordement, la première étape consiste à se rendre dans l'agence locale de la société de services pour demander ce raccordement. Des frais de dossier sont parfois requis. Ils varient d'un pays à l'autre, mais sont souvent minimes, allant de 1,75 USD (en Éthiopie) à 2,65 USD (au Togo). Dans certains pays, les frais de dossier sont supprimés ou agrégés à d'autres frais, si bien qu'il n'existe pas de coût de dossier explicitement défini, comme au Gabon, où les ménages n'ont pas à payer pour introduire une demande.

Figure 3.3 Processus d'obtention d'un raccordement au réseau

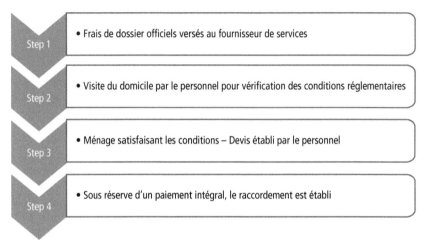

Dès que les frais de dossier sont perçus par le fournisseur de services, le personnel technique prend rendez-vous avec le ménage pour vérifier les conditions réglementaires, telles que l'infrastructure locale, le câblage électrique, etc. (étape 2). Sur base de cette vérification initiale, un ménage satisfaisant toutes les exigences reçoit un devis et, dès que le paiement est intégralement effectué, le raccordement au réseau est établi. Si un ménage ne passe pas le contrôle d'inspection, il a la possibilité d'effectuer les modifications requises et de planifier une autre inspection. La conformité est souvent l'une des principales sources de retard dans l'obtention de l'électricité, étant donné que les ménages peuvent être appelés à consentir des investissements souvent lourds pour améliorer la qualité de leur logement ou refaire l'installation électrique afin de se mettre en conformité avec les conditions minimales du fournisseur de services.

Bon nombre de ménages interrogés ont identifié ces retards comme un obstacle important à l'accès. Comme l'illustre la figure 3.4, le temps d'attente varie selon les pays. Alors qu'il atteint en moyenne 4 semaines au Cameroun, il faut compter environ 64 semaines pour les ménages éthiopiens interrogés. La figure 3.4 compare également les temps d'attente pour le raccordement des ménages avec ceux des entreprises à l'aide des données de l'enquête *Doing Business* 2018 de la Banque mondiale. En Éthiopie et au Rwanda, le temps d'attente des ménages est environ cinq fois supérieur à celui des entreprises. Cet écart peut être attribué aux politiques visant à réduire le coût des affaires pour les entreprises de leurs pays respectifs.

Figure 3.4 Nombre moyen de semaines nécessaires pour un raccordement à l'électricité

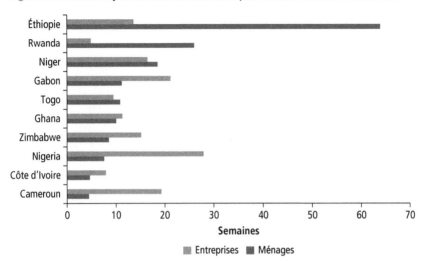

Sources : Adapté de Blimpo *et al.* (2018) et basé sur une enquête réalisée auprès de ménages choisis raccordés au réseau électrique au cours de l'année suivant la date de l'enquête dans 10 pays africains.

Les coûts de raccordement sont souvent trop élevés pour la plupart des ménages

Comme le souligne la littérature, les coûts de raccordement sont, en moyenne, élevés par rapport au niveau des revenus dans la plupart des pays. Ils vont de 78 USD au Rwanda et 148 USD en Éthiopie, à 824 USD au Zimbabwe et 1 303 USD au Gabon, pour un ménage type habitant dans un rayon de 30 mètres du poteau le plus proche (figure 3.5 ; volet a). Pour les ménages situés en dehors de ce rayon, le coût est encore plus élevé puisqu'ils doivent acheter des poteaux électriques supplémentaires avant que le réseau puisse être étendu à leur domicile (figure 3.5 ; volet b). Le coût des poteaux électriques n'est pas négligeable (de 92 USD au Togo à 656 USD au Gabon). Le coût total du raccordement est principalement lié aux coûts du compteur électrique et des poteaux. La densité et la distribution initiales des poteaux électriques dans la communauté ont un impact considérable sur le coût moyen de raccordement des ménages. Les politiques municipales d'éclairage public peuvent réduire les coûts en diminuant la distance moyenne des ménages jusqu'au poteau le plus proche. De telles politiques auraient un effet positif sur la réduction de la criminalité et encourageraient une plus forte activité économique nocturne.

Figure 3.5 Coûts de raccordement des ménages

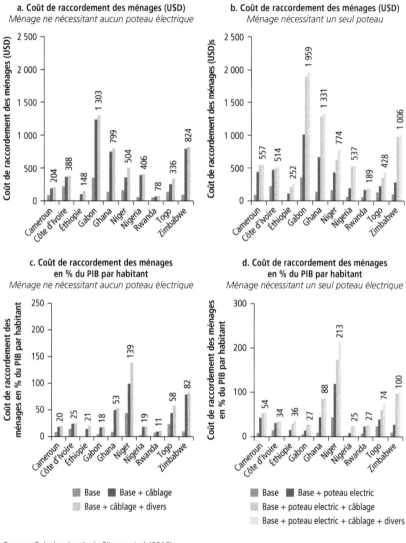

a. Coût de raccordement des ménages (USD)
Ménage ne nécessitant aucun poteau électrique

b. Coût de raccordement des ménages (USD)
Ménage nécessitant un seul poteau

**c. Coût de raccordement des ménages
en % du PIB par habitant**
Ménage ne nécessitant aucun poteau électrique

**d. Coût de raccordement des ménages
en % du PIB par habitant**
Ménage nécessitant un seul poteau électrique

◼ Base   ◼ Base + câblage
▨ Base + câblage + divers

◼ Base   ◼ Base + poteau electric
▨ Base + poteau electric + câblage
▨ Base + poteau electric + câblage + divers

Source : Calculs adaptés de Blimpo *et al.* (2018).
Note : PIB = produit intérieur brut.

Les coûts de raccordement globaux ne sont pas fixes et sont intrinsèquement régressifs

Bien que le coût de raccordement soit souvent considéré comme fixe, il peut varier considérablement d'un ménage à l'autre au sein d'un même pays.

La variation tend à être régressive, compromettant ainsi l'accessibilité financière pour les pauvres. Dans certains cas, la distance jusqu'au poteau n'est pas seule à déterminer le coût. Au Niger, par exemple, en plus de la distance jusqu'au poteau le plus proche, le coût peut augmenter de manière significative lorsque la maison s'écarte de l'alignement des poteaux électriques existants (encadré 3.1). Le coût relativement élevé des poteaux électriques indique que les coûts de raccordement sont régressifs parce que les ménages à faible revenu, vivant souvent dans des zones rurales où le peuplement est éparpillé et moins dense, sont confrontés à des coûts plus élevés. La qualité des logements de ces ménages est souvent insuffisante et requiert dans de nombreux cas une part plus importante de leurs revenus pour être mise en conformité avec les conditions minimales des fournisseurs de services.

Les stratégies visant à réduire ces coûts, en particulier le poids des poteaux électriques, impliquent d'encourager une coordination entre les ménages lors du processus de raccordement en vue de faire face aux externalités associées à l'installation des poteaux électriques dans chaque zone. Les autorités rwandaises ont recours à certaines de ces politiques dans leur stratégie d'accès universel à l'électricité d'ici à 2020[3] notamment en offrant des remises aux ménages ruraux qui s'organisent en groupe. Les subventions croisées peuvent

ENCADRÉ 3.1

Coût de raccordement des ménages : l'exemple du Niger

Au Niger, les ménages souhaitant être raccordés au réseau électrique doivent introduire une demande auprès du fournisseur d'électricité, NIGELEC. Les raccordements sont de deux types :

- *raccordement avec extension*. Ce type de raccordement est principalement destiné à ceux dont les maisons sont très éloignées d'un poteau. Pour établir un raccordement, un ou plusieurs poteaux doivent être ajoutés. Le nombre de poteaux requis dépend en grande partie de la distance entre la maison et le poteau existant le plus proche. Le coût varie de 500 000 francs CFA (900 USD) à 5 000 000 francs CFA (9 000 USD),

- *raccordement simple*. Les ménages demandant un raccordement simple doivent être situés à proximité d'un poteau existant. Autrement dit, ils n'ont pas à acheter de poteau. Si le poteau se trouve devant la maison et dans le même alignement que celle-ci, le coût du raccordement est de 60 000 francs CFA (environ 108 USD). Toutefois, si le poteau n'est pas dans l'alignement de la maison, le coût de raccordement double pratiquement, à 100 000 francs CFA (180 USD). Il ne suffit donc pas d'avoir un poteau près de chez soi ; il faut également qu'il soit dans l'exact alignement de la maison.

également constituer une stratégie utile pour réduire le coût du compteur pour les ménages à faible revenu. Au Gabon, par exemple, les coûts de raccordement des ménages (à l'exclusion du coût d'un poteau) varient en fonction du type de compteur acheté. Pour les ménages à faible revenu, le prix du compteur est d'environ 144 USD Pour les ménages demandant un compteur monophasé, le prix atteint 252 USD, tandis qu'un compteur triphasé peut aller jusqu'à 900 USD.

Les paiements informels représentent une petite fraction des coûts totaux de raccordement
Des coûts cachés, tels que des paiements informels (les pots-de-vin, par exemple), sont souvent signalés lors de la fourniture de divers services publics dans de nombreux pays africains. Selon Blimpo *et al.* (2018), ces coûts représentaient environ 3 % des coûts totaux de raccordement. Ces paiements ont été signalés dans tous les pays de l'étude.

Flux de revenu et qualité du logement

Une analyse exploratoire a révélé plusieurs facteurs systématiquement associés à une plus forte adoption. Les plus remarquables sont notamment le niveau du revenu du ménage, la prévisibilité ou la variabilité des flux de revenu du ménage, et la qualité du logement. L'analyse a pris en compte une série de facteurs au niveau de la collectivité et du ménage. Des études qualitatives corroborent les observations empiriques décrites dans les sous-sections suivantes.

En plus du niveau du revenu, les flux de revenu jouent également un rôle
Le niveau du revenu du ménage est un facteur prédictif de l'adoption constamment significatif. Toutefois, le niveau moyen du revenu n'est pas seul à être important, ses flux et sa prévisibilité sont également liés à la volonté des ménages d'être raccordés aux services de l'électricité. Le paiement récurrent d'un montant même modeste peut constituer un défi majeur pour les ménages dont les revenus sont irréguliers. Les compteurs intelligents et les tableaux électriques pré-équipés jouent un rôle crucial pour surmonter cette contrainte. Toutefois, seuls la création et le renforcement d'activités génératrices de revenu peuvent accroître l'adoption et permettre aux ménages et aux entreprises (génération de revenu), aux pouvoirs publics (fiscalité) et aux fournisseurs de service public (recettes) de surmonter les contraintes financières de manière durable. La fourniture de mécanismes de crédit combinant l'accès à l'électricité avec des appareils peut également favoriser l'activité économique.

La flexibilité des paiements est particulièrement importante pour surmonter les contraintes de crédit pour les frais de raccordement au Rwanda (figure 3.6). Deux fois plus de ménages paieraient l'entièreté du prix de raccordement sur 24 mois plutôt que la moitié en une fois. Les proportions

Figure 3.6 Volonté à payer pour un raccordement au réseau au Rwanda

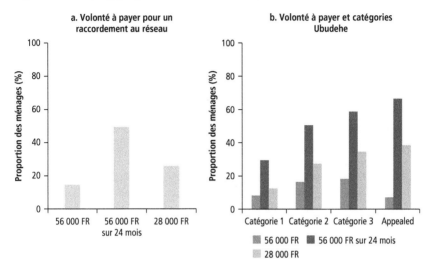

Source : Données du cadre multi-niveaux de la Banque mondiale pour le Rwanda 2017.
Note : Ubudehe est un programme public qui classe les ménages en fonction de leur statut socioéconomique.
FR = franc rwandais.

restent similaires, même chez les ménages de la catégorie la plus élevée d'Ubudehe, un programme public classant les ménages en fonction de leur statut socioéconomique.[4]

Qualité du logement, exigences réglementaires pour le raccordement et hiérarchisation des besoins
Le raccordement électrique d'une maison nécessite certaines normes minimales de construction, que de nombreuses habitations existantes ne satisfont pas. En outre, les études qualitatives réalisées pour le présent travail ont montré qu'une part importante des ménages, en particulier dans les zones rurales, vivent dans des logements précaires et accordent plus d'importance à l'amélioration de leur habitation qu'aux services de l'électricité lorsqu'ils disposent d'un budget restreint.

La fiabilité est essentielle pour l'adoption du réseau électrique

Dans quelle mesure la fiabilité de l'électricité au sein de la communauté affecte-t-elle la décision des ménages de se raccorder à l'électricité ? L'irrégularité de la distribution des services publics tels que l'électricité affecte le taux de raccordement de deux façons principales.

- Tout d'abord, les coupures de courant et les baisses de tension réduisent les avantages attendus du raccordement, comme en témoigne l'impact sur les ménages déjà raccordés, en particulier le fait que les interruptions restreignent l'aptitude de ces ménages à exploiter l'électricité à des fins productives. Cela amène les ménages tentés par un raccordement à s'interroger sur leur capacité à générer un revenu suffisant pour récupérer leurs investissements dans le raccordement à l'électricité, compte tenu de la qualité du service fourni.

- Ensuite, on ne peut ignorer la possibilité de refuser de se raccorder en tant que forme de protestation. La médiocre prestation des services suscite la méfiance des citoyens à l'égard de la capacité et de la volonté du fournisseur de service public à offrir un rapport qualité-prix suffisant. En conséquence, les ménages non raccordés peuvent recourir à des raccordements illégaux plutôt qu'officiels, faisant ainsi stagner les taux de raccordement formel. Les vols d'électricité risquent d'aggraver le manque de fiabilité. Ils affectent, en effet, les revenus du prestataire public et déstabilisent la tension, entraînant ainsi des coupures de courant localisées.[5] En 2015, par exemple, Eskom South Africa a déclaré une perte d'environ 350 millions de USD en électricité dérobée[6].

La figure 3.7 montre la relation entre l'adoption et la fiabilité du réseau électrique au niveau agrégé. Les pays où l'adoption de l'électricité est élevée ont tendance à avoir un niveau de fiabilité plus élevé et vice versa.

Figure 3.7 Adoption et fiabilité de l'électricité en Afrique subsaharienne

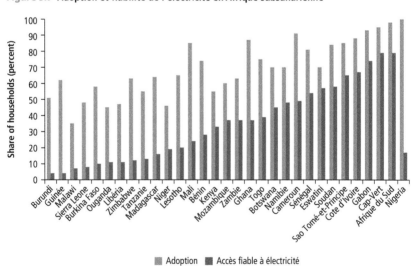

Source : Calculs utilisant des données issues du VIe cycle de l'Afrobaromètre.

En d'autres termes, les raccordements des ménages dans les communautés où l'accès est disponible ont tendance à être élevés lorsque la distribution est fiable. Le Nigeria constitue une exception notable. En dépit d'un taux d'adoption de 100 %[7], la fiabilité reste un obstacle majeur pour le secteur de l'électricité dans la mesure où seuls 17,5 % des ménages ont un accès fiable à l'électricité.

Au niveau micro, il existe une forte corrélation positive entre le taux de raccordement des ménages et la fiabilité de l'électricité, comme le montre la figure 3.8 établie à l'aide des données de l'enquête Afrobaromètre et du Cadre de suivi mondial.

De plus, sur base des données relatives aux ménages kényans, Millien (2017) constate un impact négatif de l'intensité des coupures de courant sur les taux de raccordement (voir figure 3.9). En d'autres termes, une augmentation de l'intensité des coupures de courant dans une communauté réduit la probabilité de raccordement à l'électricité. Pour les ménages tentés par un raccordement, une distribution non fiable de l'électricité accroît l'incertitude associée aux avantages nets potentiels des investissements réalisés pour le raccordement.

Une amélioration de la fiabilité du service de l'électricité encouragerait l'adoption
Au Nigeria, 51 % des ménages raccordés ont déclaré n'avoir de l'électricité que de manière occasionnelle dans leur logement. Le problème est crucial parce que le manque de fiabilité du service affecte la valeur que les nouveaux clients potentiels attribuent à l'accès. Le manque de fiabilité a également été signalé comme une justification du non-paiement des factures. Les coupures d'électricité ne sont pas le seul problème rencontré par les clients. Pendant les baisses de tension, la puissance de l'électricité peut suffire pour allumer des ampoules, mais pas pour alimenter un ventilateur ou un réfrigérateur. Les interruptions de service et une faible puissance entraînent une diminution des avantages du service de l'électricité, et entravent ainsi la volonté des consommateurs de se raccorder. En effet, il existe une forte corrélation positive entre le taux de raccordement des ménages et la fiabilité de l'électricité.

Éléments financiers dissuadant les compagnies électriques de raccorder des ménages supplémentaires

Pour de nombreux distributeurs d'électricité africains, l'ajout de clients résidentiels n'est pas rentable. Le prix de gros de l'électricité est élevé ; les tarifs de détail réglementés sont bas ; et la consommation de l'utilisateur résidentiel est généralement faible.

Comparé à celui de nombreux autres pays, le prix de gros de l'électricité produite en Afrique est élevé. Les combustibles fossiles, le charbon en

Figure 3.8 Raccordements des ménages et fiabilité de l'électricité dans la communauté

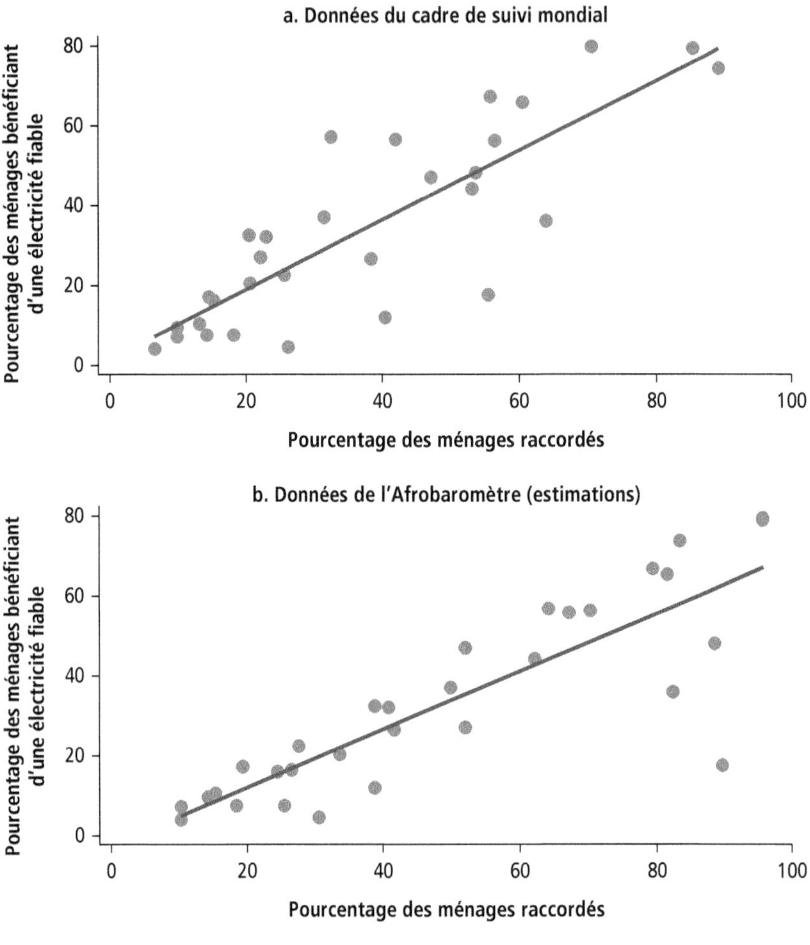

a. Données du cadre de suivi mondial

Pourcentage des ménages bénéficiant d'une électricité fiable (axe vertical)

Pourcentage des ménages raccordés (axe horizontal)

b. Données de l'Afrobaromètre (estimations)

Pourcentage des ménages bénéficiant d'une électricité fiable (axe vertical)

Pourcentage des ménages raccordés (axe horizontal)

Sources : Calculs réalisés à l'aide des données de l'Afrobaromètre et du Cadre de suivi mondial. Chaque point de donnée représente un pays.

particulier, prédominent dans la production d'électricité. En 2015, ils assuraient 74 % de la production totale de la région ; la majeure partie du reste (21 %) provenant de l'hydroélectricité. Pour satisfaire la demande malgré une capacité de production insuffisante, les producteurs d'électricité ont souvent recours au coûteux diesel. La capacité de transport de l'électricité, elle aussi insuffisante, limite la taille du marché et restreint les possibilités d'économies

Figure 3.9 Fiabilité et probabilité de raccordement

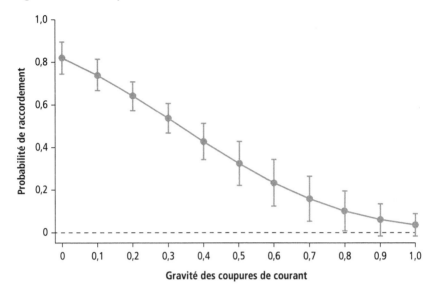

Source : Adapté de Millien (2017).
Note : La figure montre la prévision de raccordement en fonction de la gravité des coupures de courant.

d'échelle dans la production. La majeure partie de l'électricité de la région est produite et vendue par des entreprises intégrées verticalement, peu transparentes sur les prix de gros. Le prix de gros sur le marché du pool énergétique de l'Afrique australe (*Southern Africa Power Pool*) atteignait en moyenne 76 USD/MWh entre 2014 et 2016, contre en moyenne 35 USD/MWh aux États-Unis en 2015.

En Ouganda, en 2011, la consommation médiane d'électricité des ménages raccordés au réseau était de 40 kWh par mois. Avec une consommation aussi faible, il est difficile de recouvrer les coûts fixes de raccordement au réseau à l'aide des seuls frais volumétriques. Dans de nombreux pays, les tarifs de détail réglementés ont une structure non linéaire, basée sur des tarifs progressifs par tranches ou différenciés selon le volume. Dans les deux cas, les ménages ayant une faible consommation paient un faible prix par unité consommée supplémentaire. Dans huit pays d'Afrique, le coût moyen d'une consommation de 50 kWh par mois est inférieur au prix de gros du pool énergétique de l'Afrique australe. Les détaillants d'électricité de ces pays perdraient de l'argent s'ils fournissaient ces clients, même sans tenir compte du coût de raccordement.

Inversement, un petit nombre de pays ont des prix de détail très élevés (supérieurs à 0,50 USD/kWh dans un cas), probablement dus au coût élevé de la production à petite échelle au diesel. Étant donné la faible consommation, les prix de gros élevés et les tarifs de détail bas, l'ajout d'un client résidentiel est peu rentable pour la plupart des distributeurs africains. Sur la base de ces moyennes, supposons que le nouvel utilisateur médian ait une consommation d'électricité de 40 kWh/mois, et que le prix de gros de l'électricité soit de 76 USD/MWh. Supposons que les pertes de transport et de distribution s'élèvent à 15 %. En dehors du prix de gros de l'électricité, les frais d'administration, de facturation, et d'entretien du réseau sont supposés représenter un coût annuel fixe de 41 USD par utilisateur. Le prix de détail avant taxes dans chaque pays est la moyenne présentée dans la figure 3.10.

Les services publics de distribution sont supposés bénéficier d'une remise annuelle de 5 %. Sur base de ces hypothèses, ils perdraient de l'argent dans 15 pays rien qu'en ajoutant un utilisateur de plus, avant même de prendre en considération tout coût ou charge de raccordement. En supposant des frais initiaux de raccordement de 200 USD, l'ajout de clients serait non rentable partout, sauf dans dix pays (figure 3.11). Dans tous les autres pays, les services publics de distribution devraient fixer des frais d'accès élevés pour que l'ajout d'un utilisateur soit rentable. Dans ces conditions, des tarifs d'électricité réglementés fixés à des niveaux trop bas peuvent entraîner des frais de raccordement élevés et des taux d'accès faibles. À cause des pertes potentielles dues au raccordement de clients supplémentaires, l'établissement de frais de raccordement élevés apparaît comme une solution optimale pour les services

Figure 3.10 Prix de détail moyen basé sur une consommation mensuelle de 50 kWh

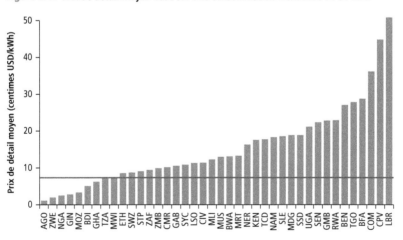

Source : Blimpo, McRae et Steinbuks (2018).

Figure 3.11 Valeur actuelle de la marge brute générée par un utilisateur supplémentaire, avant coûts de raccordement

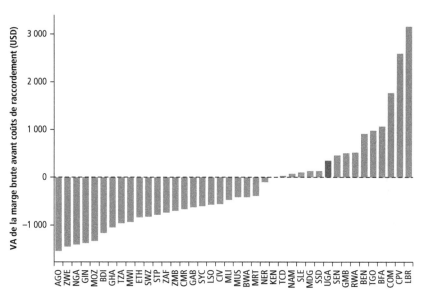

Source : Blimpo, McRae, et Steinbuks (2018).
Note : VA = Valeur actuelle.

publics de distribution. Ces frais réduisent la demande de raccordement et permettent de recouvrer les pertes futures occasionnées par les clients qui se connectent.

Blimpo, McRae, et Steinbuks (2018) utilisent des données de l'Ouganda pour estimer un modèle de la demande et analyser les incitations poussant les services publics de distribution à rechercher et raccorder de nouveaux clients. L'analyse décrit le secteur de l'électricité de plusieurs pays d'Afrique et explique les faibles taux de raccordement observés lorsque les frais de raccordement sont élevés. Elle est étroitement liée à la littérature théorique relative aux tarifs en deux parties optimaux pour les monopoles réglementés. Feldstein (1972) étudie le compromis entre un coût fixe et un prix marginal par unité dans le cas d'un monopole réglementé, en supposant que les ménages paient tous le même prix, dans un environnement où ils ont différentes sources de revenus. La valeur de l'électrification est le futur flux de services énergétiques que le ménage recevra. On suppose qu'un régulateur externe fixe le prix marginal, et que le seul choix restant à la compagnie lectrique réglementé est le montant des frais de raccordement.

Les frais de raccordement en tant que levier permettant de réduire les pertes des compagnies électriques public

La figure 3.12 présente la relation d'équilibre entre le taux d'accès à l'électricité, les frais de raccordement, et les tarifs réglementés. Lorsque le prix réglementé de l'électricité est plus élevé, les frais de raccordement optimaux sont plus faibles. Les estimations indiquent que le bénéfice maximum par client existant et potentiel est atteint pour des frais de raccordement de 200 à 300 USD, produisant un bénéfice brut moyen d'environ 0,19 USD par ménage sur le territoire desservi. Les frais de raccordement maximisant le bénéfice sont plus élevés que ceux (qui varient en fonction de la nécessité d'installer ou non de nouveaux poteaux électriques) fixés par Umeme, la plus importante entreprise de distribution de l'Ouganda. Les frais de raccordement optimaux sont plus faibles lorsque les prix réglementés de l'électricité sont plus élevés. Pour un prix de l'électricité de 0,27 USD/kWh, les frais de raccordement optimaux seraient nuls (figure 3.12, volet a) et maximiseraient le nombre de ménages raccordés (figure 3.12, volet b). Lorsque les prix de l'électricité sont inférieurs à 0,27 USD/kWh, les frais de raccordement maximisant les bénéfices de la compagnie lectrique public augmentent, entraînant une diminution du nombre de ménages raccordés.

Figure 3.12 Seuil de rentabilité des frais de raccordement et pourcentagedes ménages raccordés, en fonction du prix réglementé de l'électricité

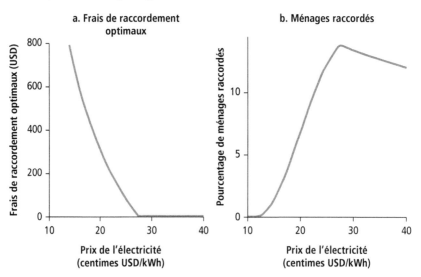

Source : Blimpo, McRae, et Steinbuks (2018).
Note : kWh = kilowattheure.

Cette baisse se produit parce que, dans les décisions de raccordement des ménages, le fait que les frais initiaux de raccordement soient élevés est plus important que la baisse du prix de l'électricité Lorsque les prix de l'électricité sont supérieurs à 0,27 USD/kWh, le nombre de ménages raccordés diminue légèrement, du fait que les frais de raccordement restent nuls et que la valeur d'un raccordement est plus faible lorsque les prix de l'électricité sont plus élevés.

Des progrès plus rapides nécessitent une augmentation du revenu des ménages
Des changements dans les paramètres du modèle permettent d'évaluer les effets de modifications des frais de raccordement, du prix du kérosène (un substitut), de la distance jusqu'au réseau de distribution, et de l'augmentation du revenu des ménages. La figure 3.13 présente les analyses de sensibilité. Ce n'est que dans les cas où les tarifs réglementés sont bas et où les frais de raccordement optimaux sont nuls que l'expansion du réseau a un effet significatif sur le nombre de ménages raccordés.

Le revenu des ménages a un effet direct sur la demande d'énergie, en fonction du combustible choisi, ainsi que sur le choix du combustible. Des revenus plus élevés ont peu d'impact sur les frais de raccordement optimaux. Toutefois, des revenus plus élevés entraîneront des taux de raccordement nettement plus importants pour tous les tarifs réglementés à l'exception des plus bas.

Figure 3.13 Sensibilité des frais de raccordement optimaux et pourcentage des ménages raccordés

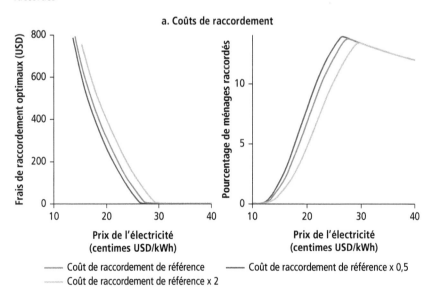

a. Coûts de raccordement

—— Coût de raccordement de référence   —— Coût de raccordement de référence x 0,5
---- Coût de raccordement de référence x 2

(suite page suivante)

Figure 3.13 (suite)

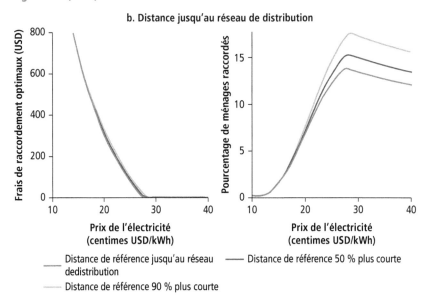

b. Distance jusqu'au réseau de distribution

— Distance de référence jusqu'au réseau dedistribution

— Distance de référence 50 % plus courte

— Distance de référence 90 % plus courte

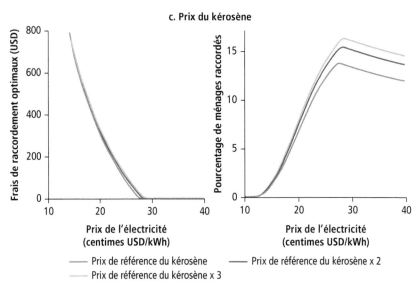

c. Prix du kérosène

— Prix de référence du kérosène

— Prix de référence du kérosène x 2

— Prix de référence du kérosène x 3

(suite page suivante)

Figure 3.13 (suite)

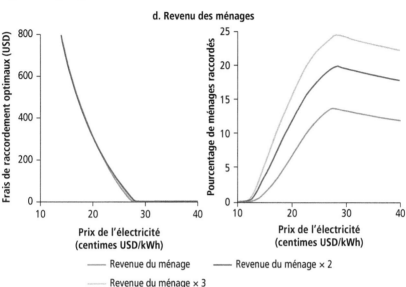

d. Revenu des ménages

Source : Blimpo, McRae, et Steinbuks (2018).
Note : kWh = kilowattheure.

Prendre en compte l'adoption avant l'expansion du réseau

La discussion menée dans les sections précédentes ne peut s'appliquer aux communautés actuellement non couvertes par le réseau, car elles diffèrent à bien des égards. Pour donner une idée de l'adoption dans les communautés mal desservies, la figure 3.14 évalue le chevauchement entre les populations des zones couvertes et non couvertes par le réseau, sur la base d'un facteur déterminant clé : le revenu. Un chevauchement parfait suggère que l'adoption serait similaire dans les deux types de zones. Plus le chevauchement est grand, plus l'adoption est comparable entre les deux populations. Les premiers volets de la figure 3.14 utilisent uniquement la valeur de certaines dépenses, également utilisée comme variable de remplacement pour le revenu des ménages. Les deuxièmes volets ajoutent plusieurs autres facteurs déterminant le statut économique des ménages.

Les profils de dépense des ménages ne diffèrent pas radicalement entre les populations couvertes ou non par le réseau dans tous les pays considérés, à l'exception de la Mauritanie. Dans la mesure où le revenu constitue un prédicteur clé de l'adoption (si on utilise les dépenses comme variable de remplacement), on peut s'attendre à ce que l'adoption reste similaire avec l'expansion du réseau. Toutefois, lorsque d'autres facteurs – tels que la qualité du logement (toit, murs et sols), la possession de biens, et la possession d'appareils – sont pris en compte, de nettes différences apparaissent dans la plupart des pays (bien que dans une moindre mesure au Cameroun). Il est donc probable que le déficit d'adoption se creusera avec l'expansion du réseau, à moins que des mesures complémentaires n'y soient associées. Elles doivent viser, d'une part, à assouplir les contraintes d'accessibilité financière, y compris les flux de revenu des ménages et les frais et processus de raccordement, et d'autre part, à augmenter la volonté de payer. Favoriser une utilisation productive de l'électricité est un moyen d'aborder simultanément plusieurs de ces contraintes.

Figure 3.14 Comparaison entre les communautés couvertes et non couvertes par le réseau

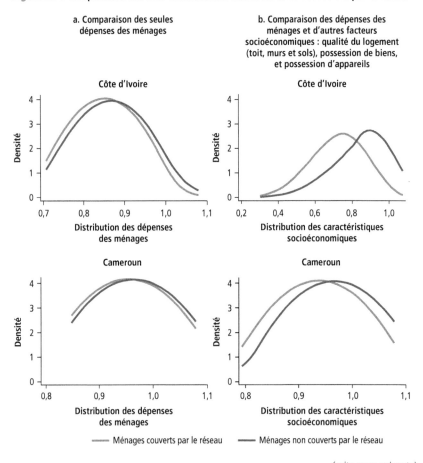

(suite page suivante)

Figure 3.14 (suite)

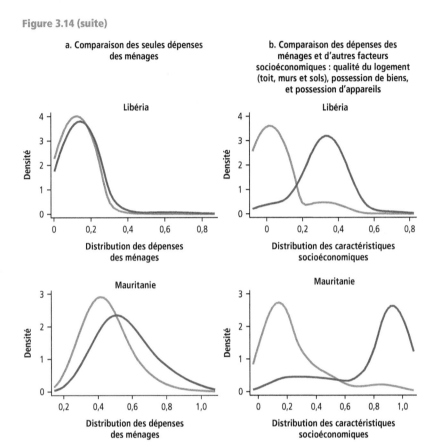

a. Comparaison des seules dépenses des ménages

b. Comparaison des dépenses des ménages et d'autres facteurs socioéconomiques : qualité du logement (toit, murs et sols), possession de biens, et possession d'appareils

Libéria

Libéria

Mauritanie

Mauritanie

—— Ménages couverts par le réseau   —— Ménages non couverts par le réseau

Source : Données issues de l'Enquête permanente sur les conditions de vie de la Banque mondiale.
Note : Côte d'Ivoire (2015) ; Cameroun (2014) ; Libéria (2014) ; Mauritanie (2014).

L'analyse de l'adoption dans les zones hors réseau nécessite un processus en deux étapes consistant à modéliser l'extension du réseau et, ensuite, le taux adoption en fonction de l'accès au réseau. La méthode utilisée est la procédure d'estimation en deux étapes de Heckman (1976) pour traiter le biais de sélection, car la décision d'expansion du réseau n'est pas aléatoire. De cette façon, les résultats peuvent être étendus à des zones hors réseau. Les conclusions suggèrent que la sélection de communautés pour l'expansion du réseau n'utilise pas pleinement le potentiel sous-jacent. Un ciblage stratégique pourrait accroître les taux d'adoption, ce qui indique que le taux d'adoption dans une communauté rurale moyenne est d'environ 8 % inférieur à ce qu'il serait dans une communauté rurale choisie au hasard (Blimpo, Postepska et Xu, 2018). Les deux dernières colonnes du tableau 3.2 résument les résultats du modèle de sélection de Heckman pour l'échantillon complet et pour les zones rurales. Les variables d'infrastructure et de bien-être des ménages ont un effet positif sur les taux d'adoption au niveau des communautés, ce qui est tout à fait cohérent avec les résultats présentés dans la section précédente. Ceci apporte une preuve supplémentaire que le bien-être économique d'une communauté est essentiel pour parvenir à un taux d'adoption élevé. Par conséquent, soit le bien-être économique doit précéder la couverture par le réseau, soit l'électricité doit permettre aux individus d'améliorer leur bien-être économique. En outre, les taux d'adoption augmentent lorsque des parts plus grandes des ménages ont l'électricité, au moins pendant la majorité du temps. Les données récoltées par des études sur le terrain suggèrent que les fréquentes coupures de courant subies par les communautés peuvent dissuader les ménages non raccordés de se connecter.

Tableau 3.2 Déterminants de l'adoption : MCO (moindres carrés ordinaires) et résultats du modèle à deux étapes de Heckman

	MCO		Heckman	
Variable	Tous	Rural	Tous	Rural
Population bénéficiant d'une électricité fiable (%)	0,099***	0,127***	0,100***	0,159***
	(6,426)	(6,384)	(5,508)	(8,843)
Population disposant d'un emploi rémunérateur (%)	0,061***	0,059*	0,032***	0,089***
	(3,727)	(2,465)	(1,231)	(3,380)
Ménages disposant d'un toit de bonne qualité (%)	0,185***	0,119***	0,057***	0,041***
	(10,023)	(5,870)	(2,033)	(1,749)
Indice moyen de richesse	0,142***	0,209***	0,063***	0,070**
	(3,729)	(3,554)	(0,984)	(1,105)
Variables de contrôle	Oui	Oui	Oui	Oui
Ratio de Mills (lambda)			-0,326***	-0,155***
			(12,716)	(-5,113)
Nombre d'observations	3 882	1 807	4 328	2 621

Source : Blimpo, Postepska, et Xu (2018).
Note : les statistiques *t* sont entre parenthèses. Le tableau ne donne que les variables d'intérêt importantes. Les variables de contrôle comprennent le pourcentage de la population employée dans le secteur agricole, le pourcentage de la population travaillant dans un bureau, le pourcentage de la population ayant une éducation secondaire, le pourcentage de la population issue de la même ethnie que le Président, l'indice moyen de richesse, l'accès à l'eau, l'accès à des routes revêtues, l'accès au réseau d'égouts, la présence dans la communauté d'un marché, d'une école, d'une banque. MCO = moindres carrés ordinaires.
* $p < 0,05$, *** $p < 0,01$, *** $p < 0,001$.

Des solutions hors réseau peuvent aider à étendre l'accès de base, mais elles sont également confrontées à un faible taux d'adoption

L'Afrique connaît une explosion de nouvelles technologies, y compris l'approvisionnement en électricité solaire. Une part importante des clients utilisent actuellement l'énergie solaire pour l'éclairage, la recharge de leurs téléphones portables, et le fonctionnement de quelques appareils de faible capacité. Des solutions hors réseau peuvent satisfaire ces besoins relativement élémentaires en attendant l'accès à une électricité de niveau supérieur. Les ventes d'appareils de marque de très petite taille (« pico appareils ») (figure 3.15) et de systèmes solaires domestiques en Afrique ont fortement progressé (même si elles partaient d'une très faible base). Des prix plus bas et des mécanismes d'assurance qualité sont nécessaires pour arriver à une adoption significative de ces solutions solaires. Ces produits satisfont les besoins actuels d'un bon nombre de gens, et l'accès à une électricité de niveau supérieur nécessite un soutien continu pour parvenir à générer une utilisation productive ainsi que des

Figure 3.15 **Ventes annuelles de produits pico solaires d'éclairage de marque en Afrique**

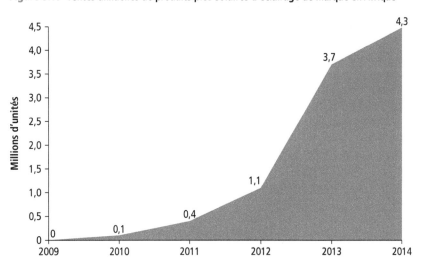

Source : Rapport sur les tendances du marché de l'énergie solaire hors réseau (2016).
Note : Pico solaire ou Pico PV : panneaux solaires photovoltaïques légers et compacts capables de générer quelques watts pour alimenter en électricité un large éventail d'appareils de petite taille et portatifs.

revenus et des emplois. La fabrication de composants hors réseau pourrait également être une source d'emplois grâce à la production locale de produits fonctionnant à l'énergie solaire.

L'assurance qualité peut contribuer à l'adoption de solutions hors réseau en vue d'un accès de base

Au fil des ans, les types de produits solaires vendus sur les marchés africains se sont développés, avec des degrés divers de fiabilité et de qualité. La prolifération des contrefaçons et des produits de mauvaise qualité dotés de performances sous-optimales risque d'éroder la confiance des consommateurs dans le marché de l'énergie solaire (Bloomberg New Energy Finance and Lighting Global, 2016). C'est pourquoi en 2009, le programme Éclairer l'Afrique du Groupe de la Banque mondiale a mis en œuvre un programme de certification de la qualité et de la performance des produits solaires. Il applique une rigoureuse procédure de test adoptée par la Commission électrotechnique internationale[8]. Le programme a jusqu'à présent eu des répercussions importantes sur le marché des lanternes solaires en Afrique (et en Asie), avec la vente de plus de 12 millions de produits dont la qualité a été accréditée.

Une étude, menée conjointement au Sénégal par la Banque mondiale et Éclairer l'Afrique, a utilisé une campagne radiophonique pour évaluer l'impact de la communication aux ménages d'une information sur les spécifications des produits et la façon dont cette information influence l'adoption. Elle a montré que l'approche de diffusion de l'information sur les solutions solaires par les médias de masse renforce l'adhésion des clients existants et les fait progresser sur l'échelle énergétique (en les amenant, par exemple, à acquérir des produits d'une capacité plus élevée), mais qu'une interaction plus directe est nécessaire pour attirer de nouveaux clients (Coville, Orozco, et Reichert, 2017).

Un autre résultat significatif est que, parmi tous les attributs, la durabilité semble compter le plus au Sénégal, où la volonté de payer augmente pour les produits dont la durée de vie attendue est plus longue (figure 3.16). Le problème est qu'aucun mécanisme ne permet aux clients d'évaluer à l'avance la durabilité des pico appareils photovoltaïques de bonne ou faible qualité.

La fiabilité et la qualité du service comptent pour la volonté de payer pour des solutions hors réseau

L'impact de la qualité du service est également associé à l'électricité hors réseau. La qualité du produit et la capacité des solutions hors réseau sont des

Figure 3.16 **Volonté à payer et garantie des produits : données recueillies au Sénégal**

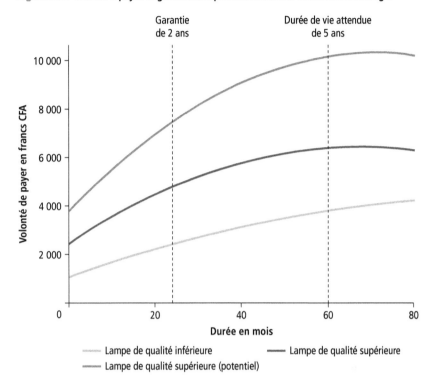

Source : Coville, Orozco, et Reichert (2017).
Note : Les courbes sont tracées sur la base de l'intersection estimée avec l'axe des Y, des coefficients angulaires de la durée de vie attendue (en mois), et du carré de celle-ci. Le carré de la durée est insignifiant pour les lampes de qualité inférieure. Les lignes verticales correspondent à la durée de vie moyenne perçue, à la durée de la garantie, et à la durée de vie attendue d'une lampe de qualité supérieure.

facteurs clés de l'adoption, car ils déterminent les avantages de ces sources d'énergie pour les ménages qui les adoptent.

Peters et Sievert (2015) montrent la préférence marquée des ménages ne bénéficiant pas de l'électricité au Sénégal, au Burkina Faso et au Rwanda, pour une électricité d'une capacité suffisante pour permettre l'utilisation d'appareils tels que la télévision et un réfrigérateur, par rapport à des services uniquement capables d'alimenter des appareils tels que la radio, des lampes et un chargeur de téléphone portable. Cette préférence se reflète dans la forte volonté (déclarée) de payer pour des services électriques de haute capacité, comme le montre la figure 3.17.

Figure 3.17 Volonté à payer pour différents niveaux de service (frais mensuels)

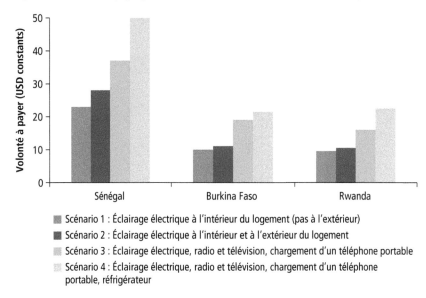

Scénario 1 : Éclairage électrique à l'intérieur du logement (pas à l'extérieur)
Scénario 2 : Éclairage électrique à l'intérieur et à l'extérieur du logement
Scénario 3 : Éclairage électrique, radio et télévision, chargement d'un téléphone portable
Scénario 4 : Éclairage électrique, radio et télévision, chargement d'un téléphone portable, réfrigérateur

Source : Adapté de Peters et Sievert (2015).

L'électricité pourquoi faire ? Utilisation productive, génération de revenu, emplois au cœur de l'action

L'utilisation de l'électricité pour générer de l'activité économique et améliorer la productivité est essentielle pour justifier les investissements élevés requis. Une utilisation productive est également essentielle pour accroître la consommation afin de rendre les services publics plus soutenables. Par utilisation productive, on entend des activités génératrices de revenus qui ont besoin de l'électricité en tant qu'intrant, comme la fabrication et d'autres activités industrielles. Le secteur des services a lui aussi besoin d'électricité pour l'éclairage, la réfrigération, la climatisation et le fonctionnement des ordinateurs et du matériel de bureau.

L'utilisation productive de l'électrification rurale est particulièrement pertinente en Afrique, car la majorité de la population vit dans les zones rurales. Exemples d'utilisation productive de l'électricité en milieu rural :

Dans les environnements ruraux des pays en développement, les utilisations productives habituelles se retrouvent dans l'industrie agroalimentaire (par exemple la mouture de grains), dans diverses industries manufacturières telles que la menuiserie, la couture, la soudure et le tissage, et dans le secteur des services, dans les bars et restaurants par exemple, utilisant l'électricité pour l'éclairage, la sonorisation et la réfrigération, ainsi que pour le chargement des téléphones portables. (Brüderle, Attigah et Bodenbender, 2011, 12)

À elle seule, la fourniture d'électricité peut ne pas suffire pour générer une utilisation productive, à moins d'être accompagnée de mesures de soutien telles qu'une sensibilisation, un accès au financement pour les petites entreprises nouvellement électrifiées, et des investissements dans d'autres infrastructures, notamment les routes (Brüderle, Attigah, et Bodenbender, 2011). Certaines données indiquent également que, dans les zones rurales, la fourniture d'électricité hors réseau peut ne pas avoir le même impact économique de l'électricité du réseau. La création d'entreprises par les ménages namibiens raccordés au réseau s'est avérée quatre fois supérieure à celle des ménages disposant de systèmes solaires hors réseau (Banque mondiale, 2005). Une des raisons en est la faible puissance électrique générée par les systèmes solaires de base, qui est insuffisante pour faire fonctionner des appareils tels que des réfrigérateurs ou des machines à laver (figure 3.18). Les systèmes solaires domestiques ne sont pas des substituts au réseau électrique pour l'utilisation de gros appareils. Les avantages environnementaux seront limités dans les pays où l'électricité du réseau provient principalement de sources combustibles non fossiles (Lee, Miguel, et Wolfram, 2016). Bien que les prix aient diminué, les kits solaires puissants restent inabordables pour de nombreux habitants des campagnes. Les solutions hors réseau peu puissantes peuvent provisoirement servir aux pauvres jusqu'à ce qu'un accès de niveau supérieur devienne plus abordable.

Figure 3.18 Énergie durable pour tous les niveaux d'accès à l'électricité

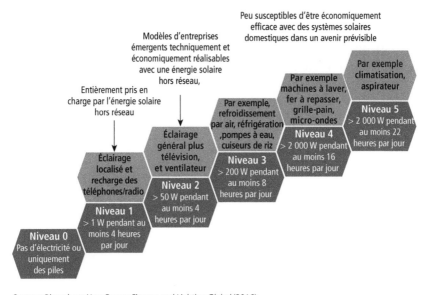

Source : Bloomberg New Energy Finance and Lighting Global (2016).
Note : L'énergie durable pour tous nécessite que les niveaux 2 à 5 soient abordables, et que les niveaux 3 à 5 soient fiables et licites. W = watts.

Figure 3.19 Problèmes les plus importants en Afrique subsaharienne

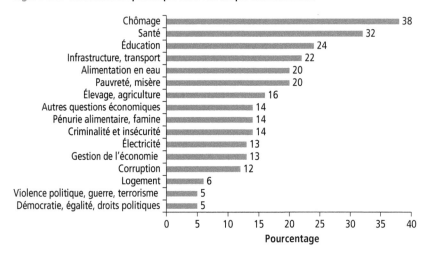

Source : Calculs utilisant les données du cycle VI de l'Afrobaromètre 2014/2015.
Note : La question est formulée comme suit : « À votre avis, quels sont les problèmes les plus importants auxquels le pays est confronté et que les pouvoirs publics devraient traiter ? » Les répondants pouvaient donner un maximum de trois réponses. La figure montre le pourcentage de répondants citant le problème dans une de leurs trois réponses.

La population de la plupart des pays africains étant nombreuse et jeune, la création d'emplois est une priorité absolue. Le chômage est identifié comme le défi le plus pressant sur lequel les pouvoirs publics doivent se concentrer (figure 3.19). Sans électricité pour contribuer à la création d'emploi et à l'augmentation des revenus, une grande majorité de la population ne peut se permettre un usage significatif avec son niveau actuel de revenu. Associer le déploiement de l'électrification à la création d'emploi est une excellente façon d'attirer l'investissement, car des revenus plus élevés peuvent accroître l'adoption et la consommation, et contribuer à la viabilité financière du secteur. Par exemple, en Afrique du Sud, le déploiement du réseau auprès des citoyens ruraux pauvres et majoritairement noirs a entraîné une adoption plus importante chez les ménages exploitant une micro, petite ou moyenne entreprise. Prasad et Dieden (2007) estiment qu'une augmentation de 40 à 53 % des activités de ces entreprises pourrait être attribuée au déploiement du réseau électrique en Afrique du Sud.

Conclusion

La part des ménages situés dans des zones non couvertes par le réseau électrique reste importante, et les efforts pour amener l'électricité dans ces zones devraient faire partie de toute stratégie de développement. Ces efforts devraient être accompagnés de mesures de politiques pour stimuler l'adoption et la consommation dans les zones couvertes par le réseau ainsi que hors réseau. L'incapacité à acheter les appareils souhaités a un effet dissuasif sur l'accès à l'électricité. Des frais élevés de raccordement au réseau constituent un des principaux obstacles à l'accès à l'électricité et contribuent de manière significative aux faibles taux d'électrisation de l'Afrique. D'autres contraintes viennent s'y ajouter comme l'irrégularité des flux de revenu des ménages, qui limite leur capacité à payer des factures régulières, et des logements de médiocre qualité. Même si des mesures appropriées peuvent à court terme aider à faire face à ces problèmes, la raison pour laquelle les compagnies électriques exigent au départ des frais de raccordement aussi élevés est une question plus fondamentale. Le modèle des ménages et des compagnies électriques montre comment des tarifs réglementés bas accompagnés d'un médiocre niveau de consommation du ménage moyen entraînent des frais de raccordement élevés et de faibles taux d'électrification. Des progrès réels et financièrement soutenables n'interviendront qu'avec une augmentation des revenus des ménages. L'électrification peut jouer un rôle crucial dans la création d'opportunités d'activités génératrices de revenus. Pour que cela se produise, la fourniture d'électricité doit s'accompagner de la capacité nécessaire et être fiable, et les efforts d'électrification doivent être complétés par la fourniture de facteurs complémentaires. Les chapitres 4 et 5 abordent ces questions plus en profondeur.

Notes

1. L'adoption est définie comme le nombre de ménages ayant accès à l'électricité divisé par le nombre de ménages couverts par le réseau.
2. Le Programme d'assistance à la gestion du secteur de l'énergie (*Energy Sector Management Assistance Programme*) fixe l'accessibilité financière à maximum 5 % du revenu d'un ménage, consacrés au paiement pour les besoins énergétiques (Kojima et Trimble, 2016).
3. Republic of Rwanda, Rural Electrification Strategy (2016).
4. Ces facteurs socioéconomiques comprennent la possession d'un logement, les revenus et la sécurité alimentaire.
5. Par exemple, les voleurs d'électricité peuvent involontairement renvoyer du courant vers les lignes électriques, et provoquer ainsi une explosion dans le système. (https://www.safeelectricity.org/information-center/library-of-articles/57-meter-tampering/124-paying-the-price-of-power-theft, consulté en décembre 2017).
6. Taux de change de 1 rand de l'Afrique du Sud pour 0,074 USD.
7. Le taux d'adoption correspond au pourcentagedes ménages raccordés dans une communauté couverte par le réseau.
8. https://www.iecee.org/dyn/www/f?p=106:49:0::::FSP_STD_ID:20378.

Références bibliographiques

Bacon, R., S. Bhattacharya et M. Kojima. 2010. *Expenditure of Low-Income Households on Energy: Evidence from Africa and Asia*. Washington, DC : Banque mondiale. https://openknowledge.worldbank.org/handle/10986/16297.

Banque mondiale 2005. *Power Sector Reform in Africa: Assessing Impact on Poor People*. Washington, DC : Banque mondiale

———. 2018. *Doing Business 2018 : Reforming to Create Jobs*. Washington, DC : Banque mondiale

Blimpo, M. P., K. Gbenyo, C. Meniago et J. T. Mensah. 2018. « Stylized Facts on the Cost of Household Connection to the Electricity Grid in African Countries ». Document de travail, Banque mondiale, Washington, DC.

Blimpo, M. P., S. McRae et J. Steinbuks. 2018. « Why Are Connection Charges So High ? : An Analysis of the Electricity Sector in Sub-Saharan Africa ». Document de recherche sur les politiques 8407. Banque mondiale, Washington, DC.

Blimpo, M. P., A. Postepska et Y. Xu. 2018. « Why Is Household Electricity Uptake Low in Sub-Saharan Africa? » Document de travail, Banque mondiale, Washington, DC.

Bloomberg New Energy Finance and Lighting Global. 2016. *Off-Grid Solar Market Trends Report*. Washington, DC : Banque mondiale. https://www.esmap.org/node/71032.

Brüderle, A., B. Attigah et M. Bodenbender. 2011. *Productive Use of Energy: PRODUSE: A Manual for Electrification Practitioners*. Eschborn, Allemagne : Facilité de dialogue et de partenariat de l'initiative de l'UE pour l'énergie. http://www.euei-pdf.org/sites/default/files/field_publication_file/150907_euei_productive-use-manual_rz_04_web.pdf.

Coville, A., V. Orozco et A. Reichert. 2017. « Paying Attention to Technology Innovations–Experimental Evidence from Solar Lighting in Africa ». Non-publié, Banque mondiale, Washington, DC.

Enerdata. 2015. EnerMonthly. Tiré de la base de données d'Enerdata.

Feldstein, M. 1972. « Equity and Efficiency in Public Sector Pricing: The Optimal TwoPart Tariff ». *Quarterly Journal of Economics* 86 (2) : 175 -87.

Golumbeanu, R. et D. Barnes. 2013. « Connection Charges and Electricity Access in Sub-Saharan Africa ». Document de recherche sur les politiques 6511, Banque mondiale, Washington, DC.

Heckman, J. 1976. "The Common Structure of Statistical Models of Truncation, Sample Selection and Limited Dependent Variables and a Simple Estimator for Such Models". Annals *of Economic and Social Measurement* 5 (4) : 475 -92.

Kojima, M. et C. Trimble. 2016. *Making Power Affordable for Africa and Viable for Its Utilities*. Washington, DC : Banque mondiale. http://documents.worldbank.org/curated/en/293531475067040608/Making-power-affordable-for-Africa-and-viable-for-its-utilities.

Lall, S. V., J. V. Henderson et A. J. Venables. 2017. *Africa's Cities : Opening Doors to the World*. Washington, DC : Banque mondiale.

Lee, K., E. Miguel et C. Wolfram. 2016. « Appliance Ownership and Aspirations among Electric Grid and Home Solar Households in Rural Kenya ». Document de travail 21949, National Bureau of Economic Research, Cambridge, MA. http://www .nber.org/papers/w21949 ou doi:10.3386/w21949.

Millien, A. 2017. "Electricity Supply Reliability and Households Decision to Connect to the Grid". Document de travail P192, Fondation pour les études et recherches sur le développement international. https://econpapers.repec.org/paper/fdiwpaper/3868.htm.

Peters, J. et M. Sievert. 2015. « Électrification rurale en réseau et hors réseau : réexamen des impacts et des considérations de coût ». *Revue d'économie du développement* 23 : 85 -104.

Prasad, G. et S. Dieden. 2007. « Does Access to Electricity Enable the Uptake of Small and Medium Enterprises in South Africa ? » Document présenté lors de la conférence sur l'utilisation domestique de l'énergie organisée au Cap, Afrique du Sud. http:// citeseerx.ist.psu.edu/viewdoc/download?doi=10.1.1.492.8722&rep=rep1&type=pdf.

Thaler, B. R. 1980. "Toward a Positive Theory of Consumer Choice". *Journal of Economic Behavior and Organization* 1 (1) : 39 -60.

von Neumann, J. et O. Morgenstern. 1944. *Theory of Games and Economic Behavior.* Princeton, NJ : Princeton University Press.

Chapitre 4

Priorité à la fiabilité pour un impact économique

Le chapitre 1 met en évidence le caractère omniprésent du manque de fiabilité de l'électricité dans les pays de l'Afrique subsaharienne (ci-après dénommés africains ou ASS). Pour que l'électricité contribue à la génération de revenus et à la création d'emplois, la fiabilité doit faire l'objet d'une attention accrue. En outre, l'adoption est négativement affectée lorsque les personnes couvertes par le réseau, mais non raccordées accordent de la valeur à la fiabilité des services, comme indiqué au chapitre 3. De même, le manque de fiabilité ne se contente pas d'affecter les entreprises existantes, il empêche également de nouvelles entreprises d'entrer dans des secteurs nécessitant de l'électricité. Garantir sa fiabilité est l'un des moyens de répondre simultanément à l'impératif de développement économique et améliorer la viabilité financière des fournisseurs d'électricité. Voir l'encadré 4.1 pour une définition de la fiabilité.

Le manque de fiabilité affecte les activités économiques de différentes manières

La fourniture fiable d'électricité agit sur la transformation économique d'au moins trois manières : en réduisant le coût des affaires et accroissant ainsi l'entrée de nouvelles entreprises ; en renforçant la performance des entreprises existantes par un accroissement de la productivité et des revenus ; et en améliorant le bien-être et la qualité de vie des ménages et renforçant ainsi l'offre de services d'une main-d'œuvre productive.

Premièrement, la fourniture fiable d'électricité réduit le coût des affaires. De nouvelles entreprises s'installent, tandis que se maintiennent celles qui existent et qui, faute d'une électricité fiable, auraient sans cela fermé leurs portes. Deuxièmement, les gains de productivité et de revenus améliorant les

Définition de la fiabilité

La fiabilité est largement utilisée pour qualifier l'accès à une électricité stable, sans fluctuations de voltage, toujours disponible, et capable de soutenir l'utilisation d'appareils compatibles avec la tension du réseau. Les deux principaux risques pour la fiabilité sont les pannes (coupures de courant) et les baisses de tension. Les *pannes* sont des pertes totales de l'énergie électrique partout et pendant une période indéterminée. Elles peuvent être courtes ou durer plus ou moins longtemps. Les *baisses de tension* sont des chutes dans le voltage d'un système électrique. Alors que les pannes entraînent une perte totale de la puissance électrique, les baisses de tension entraînent une perte partielle de celle-ci, qui restreint l'utilisation des appareils à haute tension (tels que les réfrigérateurs, les téléviseurs et les climatiseurs) et entraîne souvent un dysfonctionnement des appareils électriques.

Ces risques liés à la fiabilité ont des implications pour la définition de l'accès à l'électricité. Par exemple, même lorsqu'un ménage ou une entreprise sont raccordés, le service fourni peut ne pas être suffisant pour soutenir ses besoins de production. Ces préoccupations ont conduit à l'élaboration d'une mesure alternative de l'accès, appelée Cadre multi-niveaux (MTF). Celui-ci fournit une mesure multidimensionnelle de l'accès, intégrant la capacité, la durée, la qualité, la fiabilité, la légalité et la sécurité. Elle prend en compte non seulement les risques liés à la fourniture du service, mais également l'utilisation d'appareils. Le MTF s'exprime par une mesure ordinale allant du niveau 0 au niveau 5, où le niveau 0 correspond à un accès inexistant et le niveau 5 au degré le plus élevé de disponibilité et d'utilisation de l'électricité, comme indiqué dans la figure 4A.1 de l'annexe 4A. L'avantage de la mesure MTF est qu'elle offre plus d'information sur l'accès, permettant ainsi de différencier les niveaux de service. La classification par niveau suggère que pour une utilisation complète de l'électricité en vue d'impacts socioéconomiques productifs, les utilisateurs finaux (ménages et entreprises) devraient au minimum avoir accès au niveau 4. Le reste du chapitre utilise des données sur les pannes de courant, les baisses de tension et les niveaux d'accès MTF pour démontrer le rôle d'un accès fiable à l'électricité dans la transformation économique.

performances du secteur industriel sont associés à la fourniture fiable d'électricité. Troisièmement, un accès fiable à l'électricité améliore le bien-être et la qualité de vie des ménages si bien qu'ils peuvent offrir au secteur industriel les services d'une main-d'œuvre productive.

Par exemple, la fiabilité de la fourniture d'électricité a des effets positifs sur la prestation de services sociaux tels que les soins de santé, l'éducation et le divertissement – qui influent tous sur la qualité de la vie. Comme le montre la figure 4.1, ces canaux se manifestent à travers l'impact de la fiabilité sur l'utilisation commerciale (industrie), les ménages et la fourniture de services sociaux.

Figure 4.1 Effets de la fiabilité de l'électricité sur la transformation économique

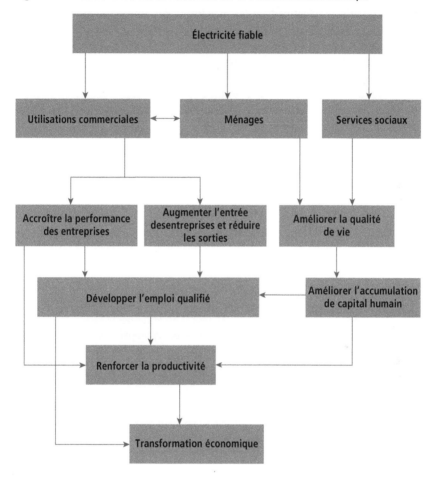

Le manque de fiabilité de l'électricité introduit une incertitude dans le climat des affaires

Les irrégularités dans la fourniture de l'électricité font grimper les coûts de production dans le secteur commercial. Ils créent également des incertitudes dans le climat des affaires, d'autant plus que l'électricité est un intrant essentiel pour les entreprises modernes. Le rapport *Doing Business* de la Banque mondiale, par exemple, cite les pannes de courant comme une grave contrainte du secteur des affaires de la plupart des économies africaines, constituant un élément majeur du coût des activités commerciales dans la région. Par conséquent, le manque de fiabilité affecte négativement les incitations des entrepreneurs potentiels à créer des entreprises et réduit la densité des entreprises dans la région. Ce manque est encore plus crucial pour l'Afrique à une époque où les technologies numériques offrent aux pays de nombreuses possibilités de mettre en place une économie numérique forte (encadré 4.2).

La fréquence des pannes de courant et les coûts qui en résultent pour les entreprises ont également des incidences sur la survie des entreprises

---

ENCADRÉ 4.2

Électricité fiable et économie numérique

De nombreux pays africains cherchent à diversifier leurs économies grâce aux technologies de l'information et de la communication (TIC), notamment en développant celles-ci en tant que secteur à part entière et en accroissant leur utilisation dans les entreprises. L'un des éléments essentiels des infrastructures TIC est le centre de données. Ils constituent un moteur majeur de l'économie numérique, où sont stockées les données, où les sites Web sont hébergés, et avec lequel interagissent les applications travaillant avec le *cloud*. Les centres de données sont des usines virtuelles de données, faisant une utilisation productive de l'électricité, avec des impacts économiques mesurables sur le produit intérieur brut, l'emploi et les recettes fiscales de l'État (Dutch Datacenter Association, 2017).

Les centres de données consomment une quantité considérable d'électricité pour alimenter le matériel informatique et le maintenir au frais. En 2011, Google a indiqué avoir utilisé 260 mégawatts d'énergie électrique pour ses centres de données (Glanz 2011), soit plus que la capacité installée en 2014 dans 19 pays africains (Trimble *et al.*, 2016). Les centres de données requièrent un haut niveau de fiabilité pour assurer un flux de données continu et sans interruption. La fiabilité est définie par les normes du secteur comme allant de 99,67 % de disponibilité avec pas plus de 29 heures d'interruption par an pour les centres de données de niveau 1, jusqu'à 99,995 % de fiabilité avec seulement 0,8 heure d'interruption par an pour les centres du niveau le plus élevé (niveau 4). La plupart des pays africains auraient du mal à respecter ne fusse que les normes de fiabilité de niveau 1. Les normes prévoient également qu'une source électrique de secours capable d'alimenter le centre pendant au moins une demi-journée soit garantie (Uptime Institute, 2012).

Les exigences de fiabilité imposées pour la certification industrielle des entreprises rendent généralement impensable l'implantation de grands centres de données dans de nombreux pays africains. En raison des difficultés à disposer d'une électricité fiable et peu coûteuse dans la région, la plupart des entreprises hébergent leurs données en dehors de celle-ci. La conséquence en est la transmission d'un important volume de

(suite page suivante)

ENCADRÉ 4.2 (suite)

données vers des centres situés à l'étranger, consommant une part considérable de la bande passante Internet internationale. Combiné aux prix de l'hébergement à l'étranger, le coût de la bande passante entraîne le paiement de plusieurs centaines de millions USD par an aux entreprises étrangères, avec un impact négatif sur la balance des paiements de l'Afrique. L'accès à des centres de données situés à l'étranger prend également plus de temps, ce qui augmente la latence. Il introduit également un problème de sécurité, car de plus en plus d'informations de l'État, commerciales et personnelles sont transmises vers l'étranger avec une protection des données plutôt vague.

Malgré les problèmes de fiabilité, l'idée d'installer de grands centres de données dans la région pour améliorer la latence et réduire les coûts de bande passante internationale suscite un intérêt croissant. En 2017, Microsoft, l'un des plus importants propriétaires de centres de données au monde, a annoncé la construction de deux centres en Afrique du Sud pour soutenir ses services dans le *cloud*. L'approvisionnement en électricité de l'Afrique du Sud est considéré comme le deuxième plus fiable de la région après Maurice (Oyuke, Halley Penar et Howard, 2016). L'accès aux nouveaux centres de données sera plus rapide qu'aux services du *cloud* situés en Europe ou aux États-Unis ; les coûts de connectivité internationale seront réduits ; et la confiance sera accrue, étant donné que les centres devront se conformer à la loi sud-africaine sur la protection des données (Marston, 2017). La fiabilité de l'électricité est essentielle pour les autres pays de la région qui souhaitent développer leurs économies numériques.

---

existantes. La théorie économique suggère que les fortes pertes de production ou les coûts résultant des pannes peuvent inciter toute entreprise maximisant ses profits à se déplacer vers des zones disposant d'un accès fiable à l'électricité (en supposant une parfaite mobilité de la main-d'œuvre et du capital) ou à stopper leur production pour éviter de perdre leur investissement. Fisher-Vanden, Mansur et Yang (2015) montrent que les entreprises manufacturières chinoises réagissent aux pannes de courant en externalisant leur production vers des entreprises situées dans des régions où l'approvisionnement en électricité est fiable.

Des pannes persistantes peuvent limiter l'expansion des secteurs de l'industrie et des services, réduisant ainsi la demande de main-d'œuvre et l'emploi. La fourniture fiable d'électricité peut améliorer la croissance du secteur industriel en accroissant l'entrée des nouvelles entreprises et la survie des entreprises existantes. Elle finira par créer des emplois pour une main-d'œuvre qualifiée, accroître la productivité et, à long terme, accélérer le rythme de la transformation économique. L'encadré 4.3 présente des preuves évocatrices de l'effet des coupures de courant sur l'entrée des entreprises.

Le manque de fiabilité nuit à la performance des entreprises existantes

Au cours du siècle dernier, l'électricité est devenue un intrant essentiel pour les secteurs de l'industrie et des services. Comme en témoignent les pannes persistantes, le manque de fiabilité de la fourniture de l'électricité a un impact significatif sur les entreprises, car elle limite leur production et la prestation des services. Les pannes de courant affectent les entreprises existantes de multiples façons, notamment, mais pas uniquement, le choix des intrants, l'investissement, les revenus et la productivité (Allcott, Collard-Wexler et O'Connell, 2016). Des preuves empiriques des effets des coupures de courant indiquent également d'importantes pertes de revenu et de productivité (Allcott, Collard-Wexler et O'Connell, 2016 ; Mensah, 2017). Bien que certaines entreprises tentent d'atténuer l'impact négatif des pannes de courant sur leurs activités en générant elles-mêmes de l'électricité (par exemple, à l'aide de groupes électrogènes ou de minicentrales thermiques), ces stratégies d'adaptation ont un coût élevé, qui affecte la compétitivité (Alby, Dethier,

---

ENCADRÉ 4.3

Pannes de courant, entrepreneuriat et entrée des entreprises

Les preuves empiriques des effets des pannes de courant sur les entrées et les sorties des entreprises sur le marché sont relativement rares. L'étude de Mensah (2018) montre à quel point les pannes persistantes affectent l'entrée des entreprises dans le secteur industriel. Le premier élément de preuve est la corrélation entre pays du nombre de pannes autodéclarées par les entreprises avec la densité d'entrée des entreprises (le nombre d'entreprises nouvellement enregistrées pour 1 000 habitants), comme indiqué dans la figure B4.3.1, volet a. La figure montre qu'une plus grande intensité de pannes est négativement associée à la densité d'entrée des entreprises en Afrique. En d'autres termes, l'entrée des entreprises a tendance à être plus élevée dans les pays où l'accès à l'électricité est plus fiable. Bien que ce résultat soit une simple corrélation, il est révélateur de l'effet potentiel du manque de fiabilité de l'approvisionnement en électricité sur le développement du secteur industriel.

Pour renforcer l'argument, le volet b de la figure B4.3.1 présente des estimations économétriques des effets des pannes de courant sur l'entrepreneuriat, à l'aide des données sur les ménages du cycle 2014/15 de l'Afrobaromètre (Mensah, 2018). Les estimations ont été obtenues au moyen d'une régression à variables instrumentales, permettant ainsi une interprétation causale (Mensah, 2018). Les résultats suggèrent que les pannes de courant réduisent d'environ 32 % la probabilité de création d'une entreprise par des individus (travail indépendant). L'impact est encore plus important pour les entreprises du secteur non agricole, environ 44 %.

(suite page suivante)

ENCADRÉ 4.3 (suite)

Figure B4.3.1 **Effets des pannes de courant sur l'entrepreneuriat et l'entrée des entreprises**

a. Pannes de courant et taux d'entrée des entreprises

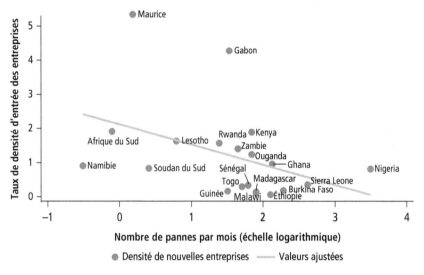

b. Effet des pannes de courant sur l'entrepreneuriat

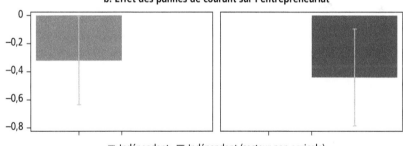

■ Indépendant   ■ Indépendant (secteur non agricole)

Source : Estimations tirées de l'Enquête auprès des entreprises 2006-2016 et du cycle 2014/15 de l'Afrobaromètre.
Note : Le volet b rapporte les coefficients de pannes dans une communauté dans une régression à variables instrumentales. Les deux variables dépendantes sont d'une part le fait que l'individu soit ou non indépendant et d'autre part, qu'il soit ou non indépendant dans le secteur non agricole. Les régressions comprennent des contrôles individuels, communautaires et nationaux. Les intervalles de confiance sont représentés par des lignes verticales.

et Straub, 2013 ; Steinbuks et Foster, 2010). Par exemple, Steinbuks et Foster (2010) montrent qu'en raison du prix élevé du carburant, les entreprises africaines supportent des coûts d'autogénération de l'électricité atteignant près de trois fois celui de l'électricité du réseau. De même, une récente étude a révélé des effets différentiels des pannes sur les revenus des entreprises supérieurs à 30 points de pourcentage entre les entreprises utilisant des générateurs et celles n'en utilisant pas (Cole *et al.*, 2018). Une alternative consiste pour les entreprises à réagir aux pannes de courant en remplaçant une production fortement consommatrice d'électricité par une autre qui l'est moins (Fisher-Vanden, Mansur et Wang, 2015). Les fluctuations de voltage (baisses de tension) sont un autre aspect de la fiabilité. Selon une étude, l'appareillage d'un tiers des entreprises de l'ouest de la Tanzanie a subi des dommages causés par des fluctuations de tension (Bensch *et al.*, 2017).

Les pannes de courant affectent donc négativement la performance des entreprises en raison de leurs impacts sur l'utilisation et la répartition des intrants et sur les coûts de production. Les pertes de productivité associées peuvent entraîner des pertes d'emplois (chômage) et ralentir le rythme de la croissance dans les secteurs de l'industrie et des services. Ces effets suggèrent que la fourniture fiable d'électricité peut accélérer le développement industriel en permettant la transition d'une production à faible technicité à une production de haute technologie et à forte intensité énergétique.

Le bien-être des ménages et la qualité de vie sont également affectés

L'électricité améliore le bien-être des ménages, car elle permet d'utiliser des appareils tels que des téléviseurs, des machines à laver, des ampoules électriques, des radios et des appareils rechargeables comme les téléphones cellulaires et les ordinateurs personnels. Un accès peu fiable à l'électricité nuit au bien-être des ménages. Les pannes fréquentes limitent l'aptitude des ménages à s'engager dans des activités productives, éducatives et récréatives nocturnes. Avec un approvisionnement régulier en électricité, les ménages peuvent augmenter leurs revenus en entreprenant le soir des activités productives, telles qu'une entreprise à domicile. Avec un approvisionnement en électricité régulier, les enfants peuvent étudier après le coucher du soleil et améliorer ainsi leurs résultats scolaires (Adamba, 2018 ; Dasso, Fernandez et Ñopo, 2015 ; Lipscomb, Mobarak et Barham, 2013).

Chakravorty, Pelli et Marchand (2014) évaluent l'impact de l'électrification sur les ménages indiens en comparant l'effet du raccordement des ménages avec celui de la qualité de l'approvisionnement dont ils bénéficient. Pour déterminer de manière causale l'impact de l'accès et de la qualité de l'approvisionnement en électricité sur le revenu non agricole des ménages, l'étude utilise les données d'un panel de ménages entre 1994 et 2005 ainsi que les variations spatiales et temporelles du déploiement des lignes de transport de l'électricité. Les résultats suggèrent que, même si l'impact de la connexion électrique sur le revenu des ménages est quantitativement fort et positif, il l'est encore plus (quantitativement) lorsque la qualité de l'approvisionnement est prise en compte. En particulier, Chakravorty, Pelli et Marchand (2014) constatent que l'accès à l'électricité augmente les revenus des ménages de 9 %. Autrement dit, le fait d'être raccordé à l'électricité a un impact positif sur le revenu des ménages. L'effet est toutefois plus important (28,6 %) pour les ménages ayant un accès fiable à l'électricité. Samad et Zhang (2016) analysent l'impact socioéconomique d'un accès fiable des ménages à l'électricité en Inde. Ils concluent que l'impact de l'électrification est sous-estimé lorsque la fiabilité n'est pas prise en compte (voir figure 4.2).

Ces résultats soulignent l'importance de la fiabilité pour l'obtention des avantages potentiels de l'électricité.

Les pannes de courant génèrent une « empreinte démographique » (Burlando, 2014a, 2014b ; Fetzer, Pardo et Shanghavi, 2018). Elles limitent la participation des ménages aux activités sociales et autres activités récréatives, en particulier la nuit, avec des retombées inattendues sur les taux de fécondité. À l'aide des données issues de l'expérience naturelle unique d'une crise énergétique imprévue intervenue à Zanzibar (Tanzanie) en 2008, Burlando (2014a, 2014b) met en évidence un fort effet d'externalité de cette crise sur la fécondité et la santé enfantine. Burlando (2014a) montre que cette crise qui a duré un mois à

Figure 4.2 Impact socioéconomique de la fiabilité de l'électricité en Inde

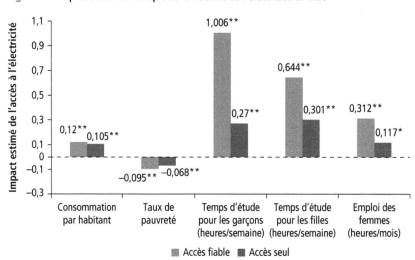

Source : Adapté de Samad et Zhang (2016).
Note : Les estimations ont été obtenues à partir d'un modèle à effets fixes pondéré par le score de propension.
** $p < 0,05$; * $p < 0,1$.

Zanzibar a entraîné un baby-boom 8 à 10 mois plus tard. Burlando (2014b) constate que les enfants exposés à la crise in utero avaient, en moyenne, un poids à la naissance plus faible – un effet imputable au choc négatif sur les revenus provoqué par la crise. Les pannes ont ainsi un impact non négligeable sur le bien-être des ménages, qui peut en fin de compte affecter négativement la productivité du travail fourni par les ménages.

Le manque de fiabilité de la fourniture d'électricité affecte également la qualité des services sociaux tels que les hôpitaux, les écoles, l'éclairage public et les divertissements. Par exemple, les pannes de courant limitent la fourniture de soins de santé efficaces dans les hôpitaux et cliniques, en particulier la nuit, étant donné le rôle essentiel de l'éclairage dans la prestation des soins de santé. Ces services sont importants pour la qualité de la vie, avec des impacts directs et indirects sur l'accumulation de capital humain.

Pour accélérer le rythme de la transformation économique, les pays ne doivent pas seulement se concentrer sur l'élargissement de l'accès à l'électricité ; ils doivent également porter une attention particulière à la qualité de l'électricité fournie, parce que les utilisateurs finaux encourageront les utilisations productives de l'électricité pour le développement. Des progrès encore plus lents, mais avec un accès fiable, peuvent être une meilleure option que l'accès universel avec un manque de fiabilité généralisé, qui peut aller à l'encontre du but de l'électrification.

Fiabilité et impact économique : Données récentes sur l'Afrique

Bien que l'accès à l'électricité soit important, la fiabilité l'est encore plus pour l'obtention complète de l'impact de l'électrification. Cette section examine l'effet de la fiabilité sur les activités économiques.

L'impact de la fiabilité a de multiples facettes, car il affecte toutes les parties prenantes du secteur de l'électricité : utilisateurs finaux, compagnies d'électricité et pouvoirs publics. Un approvisionnement peu fiable en électricité affecte négativement les utilisateurs finaux – les ménages et l'industrie (entreprises) – en limitant leur utilisation de l'électricité à des fins productives et non productives (Allcott, Collard-Wexler et O'Connell, 2016 ; Chakravorty, Pelli et Marchand, 2014). Du point de vue de la compagnie lectrique, le manque de fiabilité est le symptôme d'inefficiences opérationnelles et techniques et a donc une incidence sur les revenus et la productivité de l'entreprise. Des pannes persistantes et une médiocre fourniture de l'électricité ont indubitablement des implications négatives sur l'économie politique, car elles affectent la performance générale de l'économie, avec des retombées potentielles sur les cycles électoraux (Andersen et Dalgaard, 2013 ; Baskaran, Min et Uppal, 2015). Les sous-sections suivantes décrivent l'impact des pannes de courant sur les entreprises, les ménages et les pouvoirs publics.

Les pannes de courant pèsent lourdement sur la productivité et la compétitivité des entreprises en Afrique

L'électricité est un intrant clé de la production, et pourtant, dans de nombreux pays en développement, les entreprises ont du mal à avoir accès à une source d'électricité fiable et ininterrompue (Alby, Dethier et Straub, 2013 ; Allcott, Collard-Wexler et O'Connell, 2016 ; Eifert, Gelb, et Ramachandran, 2008 ; Mensah, 2016).

Mensah (2018) estime l'effet de causalité des pannes de courant sur la production et la productivité d'entreprises de 23 pays d'Afrique, à l'aide de données des enquêtes auprès des entreprises réalisées par la Banque mondiale entre 2006 et 2016. L'encadré 4.4 donne un aperçu des pays, des données et de la méthode utilisés dans l'estimation. Les résultats de celle-ci (figure 4.3) montrent un fort effet négatif des pannes d'électricité sur la production à valeur ajoutée et la productivité des entreprises de la région : pour chaque point de pourcentage d'augmentation de la fréquence des coupures de courant subies par les entreprises, la valeur ajoutée réelle (production) diminue de 3,3 %. De même, l'incidence sur les revenus des entreprises est non négligeable, puisqu'une augmentation d'un point de pourcentage de la fréquence des pannes entraîne une perte de 2,7 % des revenus des entreprises. À quel point ces pertes de production et de revenus se traduisent-elles par des pertes de productivité ?

Pour répondre à cette question, l'analyse estime l'impact des pannes de courant sur deux mesures de la productivité : la valeur ajoutée par travailleur et la

ENCADRÉ 4.4

Localisation de l'étude, données et méthodologie d'analyse de l'impact des pannes sur les performances des entreprises

Pour estimer les effets des pannes de courant sur les performances des entreprises, l'analyse s'appuie sur des données de niveau entreprise issues de l'Angola, du Bénin, du Botswana, du Burkina Faso, du Cameroun, de la Côte d'Ivoire, de l'Eswatini, de l'Éthiopie, de la Gambie, du Ghana, de la Guinée, de Madagascar, du Mozambique, de la Namibie, du Nigeria, de la République démocratique du Congo, du Rwanda, du Sénégal, du Soudan, du Soudan du Sud, de la Tanzanie, du Togo et de la Zambie. L'enquête a eu lieu dans ces pays entre 2006 et 2016 (carte B4.4.1). Pour l'identification causale des impacts des pannes, les données relatives aux entreprises sont combinées à des données géoréférencées sur le réseau de transport de l'électricité en Afrique, afin de créer un indice des pertes techniques dans le transport d'électricité, utilisé comme instrument pour les pannes de courant. Les estimations ont été effectuées à l'aide d'une régression à variables instrumentales. Les détails de l'équation et de la procédure d'estimation sont présentés dans l'annexe 4A.

(suite page suivante)

Carte B4.4.1 **Pays compris dans l'analyse des impacts des pannes de courant sur les entreprises**

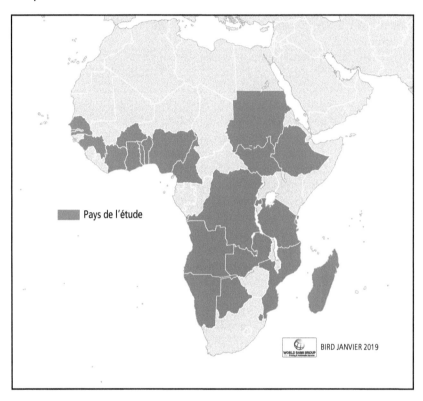

Source : Enquêtes auprès des entreprises.

productivité totale des facteurs. Les résultats suggèrent que les pannes repré-sentent une perte de 2,7 % de la valeur ajoutée par travailleur et une perte de 3,5 % de la productivité totale des facteurs des entreprises des pays étudiés.

Ces résultats soulignent l'importance d'une fourniture fiable de l'électricité pour la performance des secteurs de l'industrie et des services.

En plus des impacts directs des pannes de courant sur les performances des entreprises, des effets indirects y sont également associés. Des pannes de courant persistantes peuvent affecter la compétitivité des entreprises, en particulier dans les exportations. Pour être compétitives sur les marchés internationaux, les entreprises, spécialement celles actives dans la transformation, ont besoin d'une électricité fiable

Figure 4.3 **Effet des pannes de courant sur la production, les revenus et la productivité**

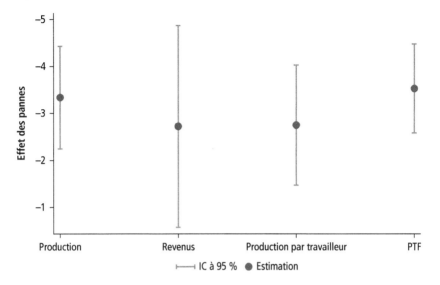

Source : Adapté de Mensah (2018).
Note : IC = intervalle de confiance ; PTF = productivité totale des facteurs.

pour assurer le bon fonctionnement de leurs lignes de production, car le recours à l'électricité autogénérée, avec les coûts qui l'accompagnent, augmente le coût de production et, par conséquent, les prix à la production. Cette exigence affecte la compétitivité des entreprises, en particulier sur les marchés extérieurs, étant donné qu'elles y sont en concurrence avec des entreprises issues d'économies où l'accès à l'électricité a de grandes chances d'être fiable. Comme le montrent Verhoogen (2008) et Melitz (2003), au sein de chaque secteur, les entreprises les plus productives peuvent accéder aux marchés d'exportation, et elles influencent, à leur tour, le marché du travail à travers les salaires et la demande de main-d'œuvre. Tout choc négatif sur la productivité (tel que les pannes d'électricité) est susceptible d'affecter la compétitivité à l'exportation des entreprises du secteur et leur aptitude à s'engager sur les marchés d'exportation. La figure 4.4 montre les effets des coupures de courant sur la compétitivité à l'exportation des entreprises. Les résultats révèlent une nouvelle fois l'impact négatif des pannes sur les exportations directes : une augmentation de 1 point de pourcentage de la fréquence des pannes entraîne une diminution de 0,12 % de la part des ventes des exportations directes.[1] Aucun effet statistiquement significatif n'apparaît toutefois sur les exportations indirectes.

Étant donné l'impact négatif des pannes de courant sur la productivité et la compétitivité commerciale des entreprises, il est vraisemblable que les entreprises y réagissent en modifiant leur demande d'intrants. Certaines peuvent

Figure 4.4 Pannes de courant, compétitivité des échanges, et demande de main-d'œuvre

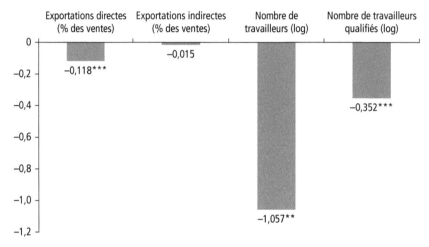

Source : Estimations fondées sur l'Enquête auprès des entreprises 2006-2016.
Note : Les coefficients rapportés concernent les pannes et sont obtenus à partir d'une équation d'estimation utilisant une régression à variable instrumentale.
*** $p < 0,01$; ** $p < 0,05$.

également réagir avec souplesse en modifiant leurs horaires de production, de manière à arrêter leurs activités pendant les pannes et à reprendre le travail lorsque le courant redevient disponible (Abeberese, Ackah et Asuming, 2017). D'autres, notamment en période de crise énergétique intense, peuvent réagir en licenciant des travailleurs pour atténuer la hausse des coûts de production. La figure 4.4 montre qu'en Afrique, des entreprises réagissent aux pannes de courant en réduisant leur demande de main-d'œuvre. En particulier, une augmentation d'un point de pourcentage des pannes entraîne des réductions d'environ 1,1 % et 0,35 %, respectivement, du nombre des travailleurs et des travailleurs qualifiés employés par les entreprises de la région.

Pour comprendre l'impact des pannes de courant sur les performances des entreprises et les stratégies d'adaptation associées, l'encadré 4.5 présente des données tirées d'une étude de cas sur la crise de l'énergie au Ghana.

Coupures de courant et bien-être des ménages : données tirées de l'Afrique

Les données de Mensah (2018) révèlent un fort impact négatif des coupures de courant sur l'emploi (figure 4.5). Dans une communauté, ces pannes réduisent la probabilité d'emploi d'environ 35 points de pourcentage. L'impact est encore plus fort (55 points de pourcentage) si l'on ne considère que l'emploi dans le secteur non agricole.

ENCADRÉ 4.5

Effets d'une crise énergétique sur les petites entreprises au Ghana

Au cours des trois dernières décennies, le Ghana a subi plusieurs épisodes de crise éner-gétique, principalement liés à la variabilité des précipitations et à la dépendance excessive du pays à l'égard de son principal barrage hydroélectrique sur la Volta. L'épisode le plus récent et peut-être le plus long a eu lieu entre 2012 et 2015. Il a conduit à un pro-gramme de rationnement de l'électricité. Au plus fort de la crise, les utilisateurs finaux étaient assurés de disposer de 12 à 13 heures d'alimentation toutes les 36 heures (Abeberese, Ackah et Asuming, 2017)[a]. Dans certains cas, le nombre d'heures d'électri-cité reçues par les utilisateurs a toutefois pu être inférieur à cette durée en raison d'autres perturbations imprévues du réseau (Abeberese, Ackah et Asuming, 2017). Les consé-quences de cette crise sur la performance de l'économie ont été graves.

À l'aide de données d'enquête sur les petites et moyennes entreprises manufactu-rières du Ghana, Abeberese, Ackah et Asuming (2017) ont estimé l'impact de la crise énergétique sur la productivité et l'emploi de ces entreprises, ainsi que les stratégies d'adaptation qu'elles ont adoptées pour atténuer les effets de la crise. L'étude estime la volonté des entreprises de payer pour éviter les pannes futures. Les conclusions de l'étude révèlent que la crise de l'énergie a entraîné une réduction de 10 % de la productivité mensuelle des petites et moyennes entreprises manufacturières du pays. Elle n'a toute-fois eu aucun effet sur la demande de main-d'œuvre de ces entreprises, qui n'ont pas licencié de personnel. Les auteurs ont constaté que les entreprises ont adopté une com-binaison de stratégies pour atténuer l'impact de la crise sur leurs activités, notamment la réduction des heures de fonctionnement, le recours à l'autogénération (générateurs), la modification du temps de production, et le passage à des produits et processus à moindre intensité d'énergie (dépendance), comme le montre la figure B4.5.1.

Figure B4.5.1 Stratégies d'adaptation des entreprises au Ghana

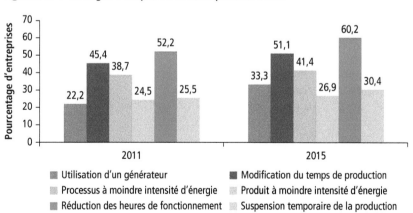

Source : Adapté d'Abeberese, Ackah et Asuming (2017).

(suite page suivante)

ENCADRÉ 4.5 (suite)

Une autre constatation intéressante de l'étude est la volonté des entreprises de payer pour éviter les pannes futures, comme le montre la figure B4.5.2. Dans l'ensemble, l'entreprise moyenne est disposée à payer un supplément de 12,6 % de sa facture mensuelle d'électricité pour éviter les pannes futures. Il est intéressant de noter que ces estimations de la volonté de payer sont inférieures aux coûts d'autogénération de l'électricité supportés par ces entreprises.

Figure B4.5.2 Volonté de payer et dépenses d'électricité des entreprises au Ghana

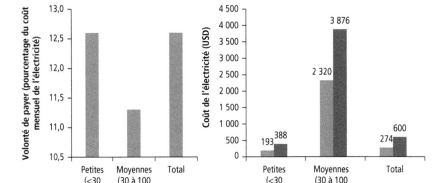

a. Hardy et McCasland (2017) examinent également les effets de la « Dum sor » (la crise énergétique ghanéenne) de 2014-2015 sur les petites entreprises du Ghana. Ils constatent que chaque jour de panne supplémentaire est associé, en moyenne, à une diminution de 11 % des bénéfices hebdomadaires des entreprises.

Ces données confirment la théorie que la persistance des pannes d'électricité peut entraver les efforts en faveur de la transformation économique en réduisant l'emploi dans les secteurs offrant des emplois qualifiés. L'analyse conclut que, dans une communauté, les pannes d'électricité réduisent la probabilité d'emploi qualifié d'environ 27 %. Ces résultats soulignent une nouvelle fois l'importance économique non seulement de l'accès à l'électricité, mais surtout de la fiabilité de cet accès. La figure 4.5 montre à quel point la fiabilité de l'électricité est cruciale pour le développement de l'économie des pays africains. L'encadré 4.6 présente des informations supplémentaires issues des dernières enquêtes du Cadre multi-niveaux sur la relation entre la qualité de la fourniture de l'électricité et l'emploi.

Figure 4.5 Effets des coupures d'électricité sur l'emploi

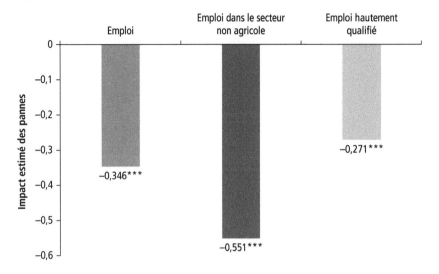

Source : Mensah (2018).
Note : Les coefficients rapportés sont ceux des coupures d'électricité dans une communauté, établis à l'aide d'une régression à variable instrumentale.
*** $p < 0,01$.

ENCADRÉ 4.6

Associations entre accès, qualité de la fourniture du service et résultats économiques

À l'aide des données du Cadre multi-niveaux (MTF – *Multi-Tier Framework*) (2017) du Libéria et de l'Éthiopie, cet encadré montre la corrélation entre le taux d'adoption de l'électricité et la probabilité qu'un individu occupe un emploi salarié non agricole.

Les résultats présentés dans la figure B4.6.1 montrent clairement une association forte et positive entre l'adoption de l'électricité et l'emploi dans des postes non agricoles rémunérés en espèces. En d'autres termes, la vie dans des communautés bénéficiant de taux d'accès élevés augmente la probabilité d'avoir un emploi rémunéré en espèces dans le secteur non agricole. Ce résultat prouve de manière suggestive que les avantages de l'électrification augmentent lorsque le taux d'adoption est élevé.

Malgré les associations susmentionnées, la présente analyse soutient avec vigueur que les avantages économiques sont plus importants lorsque la qualité du service est élevée, c'est-à-dire lorsque la fourniture de l'électricité peut soutenir des utilisations productives au lieu de simplement fournir de l'éclairage. La figure B4.6.2 montre une relation positive entre la part des ménages de la communauté ayant accès aux niveaux 4 et 5 (voir figure 4A.1) et la probabilité d'emploi dans le secteur non agricole.

(suite page suivante)

ENCADRÉ 4.6 (suite)

Figure B4.6.1 Densification et emploi

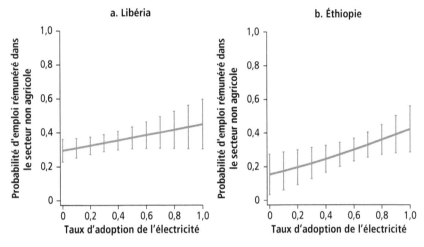

Source : Données des enquêtes MTF 2017 au Libéria et en Éthiopie.
Note : Les figures montrent les estimations des points de corrélation et leurs intervalles de confiance à l'aide de barres verticales.

Figure B4.6.2 Haute qualité de la fourniture d'électricité et emploi

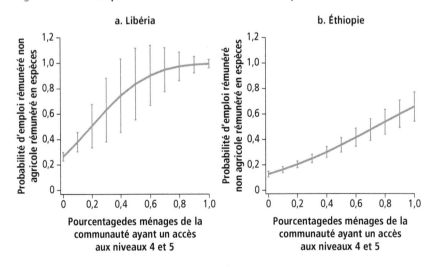

Source : Données des enquêtes MTF 2017 au Libéria et en Éthiopie.
Note : Les figures montrent les estimations des points de corrélation et leurs intervalles de confiance à l'aide de barres verticales.

Les coupures de courant ont des conséquences négatives pour les finances publiques en Afrique

En plus de l'effet sur les ménages et les entreprises, l'impact d'une fourniture fiable de l'électricité sur l'économie politique ne doit pas être surestimé. Des études ont mis en évidence l'effet de l'expansion de l'accès à l'électricité sur les résultats électoraux dans les pays en développement (Baskaran, Min et Uppal, 2015 ; Briggs, 2012 ; Min, 2015). Ce chapitre montre que la fourniture de services d'infrastructure de qualité, tels qu'une électricité fiable, est un mécanisme permettant aux pouvoirs publics des pays en développement de mobiliser des recettes fiscales utiles au développement (Blimpo *et al.*, 2018). D'une part, le raccordement au réseau peut être le signe de l'engagement des pouvoirs publics en faveur de la fourniture d'infrastructures et de services sociaux et renforcer ainsi le sentiment d'un pacte fiscal implicite entre les citoyens et l'État. D'autre part, le manque d'accès à ces infrastructures sociales peut engendrer des mouvements de protestation prenant la forme d'un refus de payer des impôts à l'État parce que les citoyens jugent celui-ci incapable d'honorer le pacte fiscal.

En outre, il est intéressant de noter que la qualité des services d'infrastructure sociale compte également, en particulier dans les zones urbaines. Des services de mauvaise qualité, avec des pannes et des baisses de tension incessantes, peuvent être considérés comme une preuve de l'incompétence des pouvoirs publics et faire disparaître la volonté des citoyens de respecter la réglementation fiscale de manière quasi volontaire. Les données de la littérature suggèrent que la fourniture de biens (quasi) publics est au cœur du pacte fiscal entre les citoyens et leurs dirigeants respectifs (Bratton, 2012 ; Timmons, 2005 ; Timmons et Garfias, 2015). En conséquence, la fourniture de biens publics peut inciter les citoyens à afficher des attitudes positives à l'égard de leurs obligations fiscales.

L'impact de la fiabilité de l'électricité sur la fiscalité peut se manifester sous deux formes : l'effet sur l'incitation des citoyens à payer leurs impôts et les pertes de recettes fiscales dues à la perte de production causée par les pannes d'électricité dans les secteurs productifs de l'économie (principalement l'industrie).

Fiabilité et attitude à l'égard de l'impôt

Blimpo *et al.* (2018) estiment les effets de l'accès à l'électricité et de la fiabilité sur l'attitude des ménages à l'égard de l'impôt dans 36 pays d'Afrique. Les résultats de la figure 4.6 montrent que l'extension du réseau à une communauté a un effet positif significatif (statistiquement significatif au niveau de 10 %) sur l'attitude des résidents à l'égard du paiement des impôts. L'effet statistique devient encore

Figure 4.6 Accès à l'électricité, fiabilité et attitudes à l'égard de la conformité fiscale

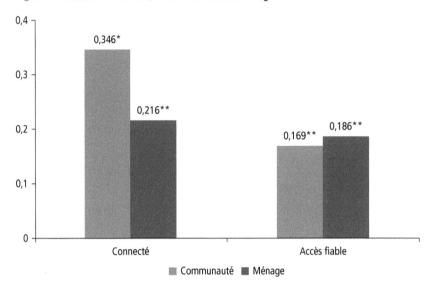

Source : Blimpo et al. (2018).
Note : Les coefficients rapportés sont ceux de l'accès à l'électricité et de la fiabilité de celle-ci, établis à l'aide d'une régression à variable instrumentale.
** $p < 0,05$; * $p < 0,1$.

plus fort (niveau de 5 %) lorsque l'on considère le raccordement des ménages au réseau électrique. L'étude estime les effets de la fiabilité au niveau de la communauté et des ménages sur les attitudes de conformité fiscale. Encore une fois, les résultats montrent le fort impact positif de l'accès à une électricité fiable sur l'attitude à l'égard des impôts.

En plus de l'importance de l'accès et de la fiabilité dans l'explication des différences d'attitude à l'égard de la conformité fiscale, le présent chapitre soutient que la fiabilité joue un rôle crucial dans la croissance économique durable et, par conséquent, dans la mobilisation des recettes fiscales. Comme le montrent Allcott, Collard-Wexler et O'Connell (2016), la fiabilité affecte la performance des entreprises et la croissance globale du secteur productif. À cette fin, la présente analyse examine plus en détail l'effet de la fiabilité sur la conformité fiscale en décomposant la mesure de la fiabilité en différents niveaux. Cela permet de distinguer l'importance relative des différents niveaux de fiabilité pour la conformité fiscale. Les résultats suggèrent que les ménages raccordés au réseau, mais non alimentés en électricité, sont moins incités à payer des impôts que les ménages non raccordés (figure 4.7) ; autrement dit, la valeur accordée au

Figure 4.7 Fiabilité et attitudes à l'égard de la conformité fiscale

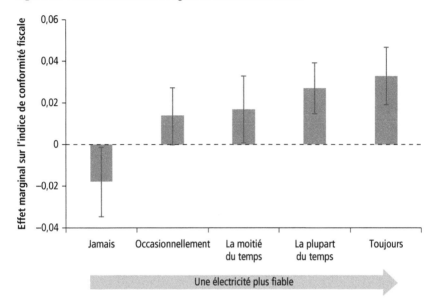

Source : Blimpo et al. (2018)
Note : Les coefficients rapportés sont les effets marginaux d'une régression probit de la fiabilité et des attitudes à l'égard des impôts.

raccordement à l'électricité réside dans l'aptitude à utiliser le service associé à la connexion. Lorsque les ménages sont raccordés, mais ne peuvent pas utiliser le service, ils considèrent cette situation comme un échec de l'État à fournir le service de qualité nécessaire pour qu'ils bénéficient de leur investissement dans la connexion. En conséquence, une faible incitation à payer des impôts peut être considérée comme un moyen d'exprimer le ressentiment des citoyens à l'égard de l'État.

Par rapport aux ménages non connectés, les ménages raccordés bénéficiant d'un approvisionnement régulier en électricité ont une attitude favorable à l'égard des impôts. Le niveau de cet impact augmente avec le degré de fiabilité de l'approvisionnement. Ces résultats suggèrent que des facteurs tels que les pannes de courant encouragent les attitudes négatives du public à l'égard de ses obligations fiscales. Les citoyens peuvent donc utiliser le non-paiement des impôts comme une forme de protestation contre une mauvaise prestation des services par l'État et les compagnies électriques.

Figure 4.8 Fiabilité et attitudes à l'égard de la conformité fiscale : les points de vue rural et urbain

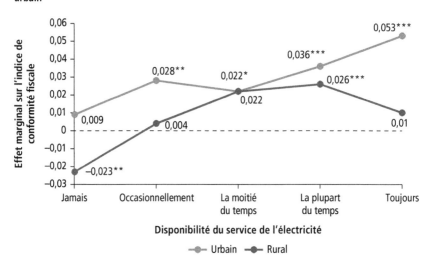

Source : Blimpo et al. (2018).
Note : Les coefficients rapportés sont les effets marginaux d'une régression probit de la fiabilité et des attitudes à l'égard des impôts.
*** $p < 0,01$; ** $p < 0,05$; * $p < 0,1$.

À quel point l'impact de la fiabilité sur les attitudes en matière de conformité fiscale varie-t-il entre les ménages ruraux et urbains ? Les résultats de la figure 4.8 montrent à cet égard des différences statistiquement significatives entre les deux types de ménages. À chaque niveau de fourniture de l'électricité, on observe un impact sur la conformité fiscale plus grand et statistiquement significatif dans les zones urbaines que dans les zones rurales. Les résultats prouvent de manière suggestive que la fiabilité compte plus pour les ménages urbains que pour les ménages ruraux dans l'explication des attitudes des individus à l'égard du respect de leurs obligations fiscales.

Ces éléments de preuve permettent de conclure que la fiabilité compte pour la mobilisation des recettes fiscales en Afrique. Par conséquent, en tant que stratégie visant à encourager les citoyens à avoir une attitude positive à l'égard de leurs obligations fiscales, les pouvoirs publics de la région peuvent exploiter les avantages d'une fourniture fiable de l'électricité.

Gains potentiels de recettes fiscales dus à la fiabilité de l'électricité

Les données présentées dans la section précédente mettent en évidence l'impact d'une fourniture fiable de l'électricité sur les attitudes à l'égard de la conformité fiscale. Quelles sont les conséquences des fréquentes coupures d'électricité sur les recettes fiscales de l'État dans les pays africains ? Quels sont les pertes de recettes fiscales résultant des pénuries d'électricité et leurs impacts sur les secteurs productifs ?

Blimpo *et al.* (2018) quantifient les gains potentiels de recettes fiscales que les États africains pourraient tirer de l'élimination complète des pannes d'électricité dans leurs économies respectives. L'analyse est toutefois limitée par l'absence de données cohérentes et adéquates relatives à l'impact de la fiabilité sur les ménages, ainsi que sur le paiement de l'impôt sur le revenu des ménages. La simulation est donc limitée aux recettes fiscales associées au secteur industriel. Les gains de recettes fiscales tirés d'une amélioration de la qualité de la fourniture de l'électricité sont simulés en estimant la valeur actualisée des futures pertes de recettes fiscales imputables aux effets des pannes de courant sur le secteur industriel. Le raisonnement sous-jacent est que les effets négatifs des pannes d'électricité sur les revenus et les bénéfices des entreprises font perdre à l'État des recettes fiscales importantes. En conséquence, l'élimination complète des pannes par la résolution des problèmes du secteur de l'énergie entraînera, toutes choses restant égales par ailleurs, des gains de recettes fiscales.

L'exercice suppose qu'il existe deux canaux à travers lesquels les pannes affectent le paiement des impôts des entreprises :

- premièrement, les coupures de courant diminuent la rentabilité des entreprises existantes, réduisant ainsi les impôts payés,deuxièmement, les irrégularités dans la fourniture de l'électricité augmentent le coût escompté des affaires et entravent la création de nouvelles entreprises, freinant ainsi l'élargissement de l'assiette fiscale.

En examinant ces canaux à l'aide d'hypothèses prudentes, une simulation révèle que les économies africaines pourraient réaliser des gains substantiels de recettes fiscales en fournissant de manière fiable l'électricité du réseau. En moyenne, la simulation révèle que l'Angola, le Ghana, le Kenya, le Nigeria et l'Afrique du Sud sont potentiellement les plus gros gagnants, avec une augmentation de leurs recettes fiscales totales de plus de 300 millions USD par an. Si ces estimations sont exprimées par rapport au total des recettes fiscales, l'Angola (15,1 %), la République du Congo (8,9 %), le Nigeria (6,8 %), le Gabon (6,3 %) et le Mali (5,1 %) se classent en tête des gagnants potentiels (figure 4.9). Cumulés, les gains estimés dans les pays de l'étude représentent plus de 4 % des recettes fiscales totales. Il est important de souligner que, même si ces simulations ne prennent pas en compte le coût de la résolution des problèmes de pannes dans le secteur de l'électricité, l'ampleur des gains potentiels de recettes est révélatrice de l'effet positif que peut avoir une fourniture fiable de l'électricité sur l'accroissement des finances publiques de nombreux pays de la région.

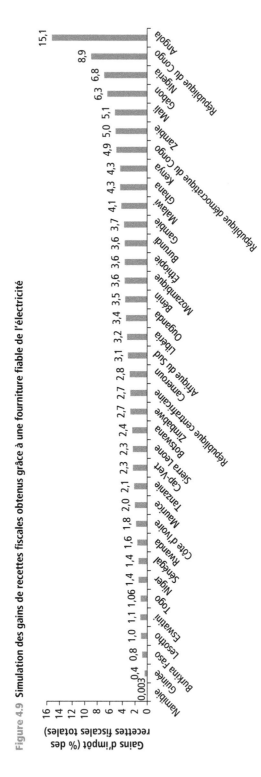

Figure 4.9 Simulation des gains de recettes fiscales obtenus grâce à une fourniture fiable de l'électricité

Source : Blimpo et al. (2018).

Conclusion

L'accès à l'électricité est important, mais la fiabilité est essentielle pour amplifier son impact, et la mauvaise qualité de la fourniture entraîne des pertes économiques considérables en Afrique. Le manque de fiabilité est élevé dans de nombreux pays de la région. La fiabilité varie également très fort entre les entreprises et les ménages. Le degré de fiabilité de l'électricité est inégal entre les groupes économiques et géographiques : il est plus élevé en milieu urbain que dans les zones rurales, et parmi les ménages des quintiles de revenu supérieurs que chez les ménages à faible revenu.

La fiabilité est un moteur important de l'adoption de l'électricité. La fourniture peu fiable de l'électricité dans une communauté réduit les avantages qui en sont attendus, amoindrissant ainsi l'incitation des ménages à investir dans un raccordement au réseau.

Le manque de fiabilité a un impact négatif important sur les ménages, les entreprises et les pouvoirs publics. Pour les ménages, l'accès non fiable a un impact négatif sur l'emploi et le revenu. Les effets sur les entreprises sont forts et innombrables. Le manque de fiabilité a un impact négatif sur la production, les revenus et la productivité des entreprises. Il a également un impact négatif sur l'entrepreneuriat et le taux de création d'entreprises. Cet effet se manifeste au niveau du commerce et de la compétitivité à l'exportation des entreprises, ainsi que sous la forme d'une réduction de la demande de main-d'œuvre qualifiée. Pour les pouvoirs publics, le manque de fiabilité de l'électricité a un impact négatif sur les finances publiques, en particulier la mobilisation des recettes fiscales. Le manque de fiabilité réduit les attitudes de conformité fiscale des citoyens de la région et diminue les recettes fiscales.

Dans l'ensemble, les données du chapitre suggèrent que la fiabilité est primordiale dans chaque réseau électrique pour maximiser les avantages de l'accès. La fiabilité compte non seulement pour l'impact de l'accès à l'électricité, mais également pour son adoption. Pour stimuler cette dernière, les efforts d'électrification dans la région devraient viser non seulement à élargir l'accès, mais également à accroître la fiabilité. L'amélioration de la fiabilité nécessite des investissements suffisants dans la maintenance des infrastructures électriques et des réformes du secteur pour améliorer le recouvrement des recettes par les compagnies électriques. En outre, dans les pays dotés d'enclaves industrielles bien délimitées, la priorité pourrait être accordée aux industries en période de crise énergétique, compte tenu de leur importance économique.

Annexe 4A. Estimation de l'impact des pannes de courant sur la productivité et la production des entreprises

Mensah (2018) estime les effets de causalité des pannes d'électricité sur la production et la productivité des entreprises dans 23 pays d'Afrique. L'analyse utilise les données des enquêtes auprès des entreprises réalisées par la Banque mondiale entre 2006 et 2015. L'équation de base pour l'estimation de l'impact est la suivante :

$$y_{kjdct} = \beta E_{kjdct} + \psi_j + \eta_c + \Lambda_{dt} + \varepsilon_{kjdct},$$

où y_{kjdct} est la variable de résultat (comprenant la valeur ajoutée, la valeur ajoutée par travailleur, la productivité totale des facteurs et la demande de main-d'œuvre) pour l'entreprise k dans le district j, l'industrie d, le pays c et à l'instant t ; E_{kjdct} est la fiabilité de l'électricité dont bénéficie l'entreprise. L'estimation inclut les effets fixes de district, ψ_j, pour prendre en compte les différences invariantes

Figure 4A.1   Cadre multi-niveaux pour la mesure de l'accès à l'électricité

			NIVEAU 0	NIVEAU 1	NIVEAU 2	NIVEAU 3	NIVEAU 4	NIVEAU 5
Attributs	1	Capacité de pointe	Indice de capacité énergétique (en W ou en Wh/jour)		Min 3 W	Min 50 W	Min 200 W	Min 800 W	Min 2 kW
					Min 12 Wh	Min 200 Wh	Min 1,0 kWh	Min 3,4 kWh	Min 8,2 kWh
			Services OR		Éclairage de 1 000 lmh/jour	Éclairage électrique, ventilation, télévision et recharge des téléphones possibles			
	2	Disponibilité (durée))	Heures par jour		Min 4 h	Min 4 h	Min 8 h	Min 16 h	Min 23 h
			Heures par soirée		Min 1 h	Min 2 h	Min 3 h	Min 4 h	Min 4 h
	3	Fiabilité						Max 14 coupures par semaine	Max 3 coupures par semaine d'une durée totale <2 h
	4	Qualité						Les problèmes de tension n'affectent pas l'utilisation des appareils souhaités.	
	5	Légalité						La facture est payée à la compagnie électrique, prépayée auprès d'un vendeur de cartes ou d'un représentant autorisé.	
	6	Santé et sécurité						Absence d'accidents passés et de perception d'un risque élevé pour l'avenir.	

Note : lmh = lumenheure ; kW = kilowatt ; kWh = kilowattheure ; max = maximum ; min = minimum ; W = watt ; Wh = wattheure.

dans le temps non observées entre les districts ; les effets fixes par année d'activité, Λ_{dt}, pour absorber chaque année les chocs courants dans l'industrie à deux chiffres ; et les effets fixes par pays, η_c, pour prendre en compte les différences invariantes dans le temps entre les pays.

L'estimation causale de l'impact des services d'infrastructure, tels que la qualité de l'électricité, est souvent confrontée au défi de l'endogénéité. Par exemple, la répartition et l'intensité des pannes d'électricité ne sont pas aléatoires dans l'espace et le temps. L'existence de facteurs locaux économiques, sociaux et politiques peut brouiller la relation entre les pannes et les variables de résultats considérées. Une estimation de l'impact par les moindres carrés ordinaires risque donc d'être biaisée. Pour éviter ce problème d'identification, une approche par variable instrumentale est utilisée en exploitant les variations spatiales et temporelles des pertes techniques dans le réseau électrique en tant qu'instrument pour les pannes d'électricité.

Note

1. Les exportations directes correspondent à la part de la production des entreprises vendue sur les marchés étrangers. Les exportations indirectes sont composées de la part de la production vendue à des entreprises nationales tierces exportatrices du produit.

Références bibliographiques

Abeberese, A. B., C. Ackah et P. Asuming. 2017. "Analysing the Extent and Sources of Productivity Losses from Electricity Shortages for Small and Medium-Sized Enterprises". Note de politique 33305, International Growth Centre, Londres.

Adamba, C. 2018. "Effect of School Electrification on Learning Outcomes: A Subnational Level Analysis of Students' Pass Rate in English and Mathematics in Ghana". *Educational Research for Policy and Practice* 17 (1) : 15–31.

Alby, P., J.-J. Dethier et S. Straub. 2013. "Firms Operating under Electricity Constraints in Developing Countries". *World Bank Economic Review* 27 (1) : 109-32. https://elibrary.worldbank.org/doi/abs/10.1093/wber/lhs018.

Allcott, H., A. Collard-Wexler et S. D. O'Connell. 2016. "How Do Electricity Shortages Affect Industry? Evidence from India". *American Economic Review* 106 (3) : 587-624.

Andersen, T. et C.-J. Dalgaard. 2013. "Power Outages and Economic Growth in Africa". *Energy Economics* 38 (Juillet) : 19-23.

Baskaran, T., B. Min et Y. Uppal. 2015. "Election Cycles and Electricity Provision: Evidence from a Quasi-Experiment with Indian Special Elections". *Journal of Public Economics* 126 (juin) : 64-73.

Bensch, G., M. Kreibaum, T. Mbegalo, J. Peters et N. Wagner. 2017. *The Status of Energy Access in Three Regions of Tanzania – Baseline Report for an Urban Grid Upgrading and Rural Extension Project*. Essen, Allemagne : RWI. http://www.rwi-essen.de/media/content/pages/publikationen/rwi-materialien/rwi-materialien_111.pdf.

Blimpo, M. P., J. T. Mensah, K. O. Opalo et R. Shi. 2018. "Electricity Provision and Tax Mobilization in Africa". Document de recherche sur les politiques 8408, Banque mondiale, Washington, DC.

Bratton, M. 2012. "Citizen Perceptions of Local Government Responsiveness in Sub Saharan Africa". *World Development* 40 (3) : 516-27.

Briggs, R. C. 2012. "Electrifying the Base? Aid and Incumbent Advantage in Ghana". *Journal of Modern African Studies* 50 (4) : 603-24.

Burlando, A. 2014a. "Power Outages, Power Externalities, and Baby Booms". *Demography* 51 (4) : 1477-500.

——. 2014b. "Transitory Shocks and Birth Weights: Evidence from a Blackout in Zanzibar". *Journal of Development Economics* 108 (May) : 154-68.

Chakravorty, U., M. Pelli et B. U. Marchand. 2014. "Does the Quality of Electricity Matter? Evidence from Rural India". *Journal of Economic Behavior and Organization* 107, Partie A (novembre) : 228-47.

Cole, M. A., R. J. Elliott, G. Occhiali et E. Strobl. 2018. "Power Outages and Firm Performance in Sub-Saharan Africa". *Journal of Development Economics* 134 (septembre) : 150-59.

Dasso, R., F. Fernandez et H. Ñopo. 2015. "Electrification and Educational Outcomes in Rural Peru". Document de discussion 8928, Institute of Labor Economics, Bonn.

Dutch Datacenter Association. 2017. "Economic Impact of Multi-Tenant Data Centers in the Netherlands". Dutch Datacenter Association, Amsterdam, Pays-Bas.

Eifert, B., A. Gelb et V. Ramachandran. 2008. "The Cost of Doing Business in Africa: Evidence from Enterprise Survey Data". *World Development* 36 (9) : 1531-46.

Fetzer, T., O. Pardo et A. Shanghavi. 2018. "More Than an Urban Legend: The Long Term Socio-Economic Effects of Unplanned Fertility Shocks". *Journal of Population Economics* 31 (4) : 1125-76.

Fisher-Vanden, K., E. T. Mansur et Q. Wang. 2015. "Electricity Shortages and Firm Productivity: Evidence from China's Industrial Firms". *Journal of Development Economics* 114 (May) : 172–88. doi:https://doi.org/10.1016/j.jdeveco.2015.01.002.

Glanz, J. 2011. "Google Details, and Defends, Its Use of Electricity". *New York Times*, 8 septembre.

Hardy, M. et J. McCasland. 2017. "Lights Off, Lights On: The Effects of Electricity Shortages on Small Firms". Non publié. https://www.aeaweb.org/conference/2017/preliminary/paper/4Hsy6Zr8.

Lipscomb, M., A. Mobarak et T. Barham. 2013. "Development Effects of Electrification: Evidence from the Topographic Placement of Hydropower Plants in Brazil". *American Economic Journal, Applied Economics* 5 (2) : 200-31.

Marston, R. 2017. "Microsoft's Data Centre Investment to Boost SA Cloud Adoption". *IT News Africa*, 12 juin.

Melitz, M. J. 2003. "The Impact of Trade on Intra-Industry Reallocations and Aggregate Industry Productivity". *Econometrica* 71 (6) : 1695-725.

Mensah, J. T. 2016. "Bring Back Our Light: Power Outages and Industrial Performance in Sub-Saharan Africa". Présenté à la réunion annuelle de l'Agricultural and Applied Economics Association, Boston, MA, du 31 juillet au 2 août.

———. 2017. "Reliability Matters! Electricity Shortages and Firm Performance in SubSaharan Africa". Document de travail de l'université suédoise des sciences agricoles.

———. 2018. "Jobs! Electricity Shortages and Unemployment in Africa". Document de recherche sur les politiques 8415, Banque mondiale, Washington, DC.

Min, B. 2015. *Power and the Vote: Elections and Electricity in the Developing World.* Cambridge, Royaume-Uni : Cambridge University Press.

Oyuke, A., P. Halley Penar et B. Howard. 2016. "Off-Grid or 'Off-on' : Lack of Access, Unreliable Electricity Supply Still Plague Majority of Africans". Dispatch 75, Afrobaromètre.

Samad, H. A. et F. Zhang. 2016. *Benefits of Electrification and the Role of Reliability: Evidence from India.* Washington, DC : Banque mondiale.

Steinbuks, J. et B. Foster. 2010. "When Do Firms Generate? Evidence on In-House Electricity Supply in Africa". *Energy Economics* 32 (3) : 505-14.

Timmons, J. F. 2005. "The Fiscal Contract: States, Taxes, and Public Services". *World Politics* 57 (4) : 530-67.

———. et F. Garfias. 2015. "Revealed Corruption, Taxation, and Fiscal Accountability: Evidence from Brazil". *World Development* 70 (juin) : 13-27.

Trimble, C., M. Kojima, I. Perez Arroyo et F. Mohammadzadeh. 2016. "Financial Viability of Electricity Sectors in Sub-Saharan Africa: Quasi-Fiscal Deficits and Hidden Costs". Document de recherche sur les politiques 7788, Banque mondiale, Washington, DC.

Uptime Institute. 2012. *Data Center Site Infrastructure Tier Standard: Topology.* New York: Uptime Institute.

Verhoogen, E. A. 2008. "Trade, Quality Upgrading, and Wage Inequality in the Mexican Manufacturing Sector". *Quarterly Journal of Economics* 123 (2) : 489-530.

Chapitre 5

Électricité Plus : exploiter des facteurs complémentaires pour maximiser l'impact

Nécessaire, mais souvent insuffisant

L'électrification de l'Afrique subsaharienne (ci-après dénommée Afrique ou ASS) doit être traitée comme une nécessité et pas uniquement considérée sous l'angle de la mesure des impacts à court terme. Il est nécessaire de mieux comprendre d'autres facteurs concourant à maximiser l'impact et à accélérer sa réalisation.

L'électrification apporte aux micros, petites et moyennes entreprises des opportunités d'affaires dans des domaines tels que la coiffure, la restauration et la couture. Les impacts augmentent à moyen terme avec l'introduction de facteurs complémentaires et l'adaptation des ménages et des entreprises au potentiel de l'électricité. Les résultats peuvent s'améliorer dans l'éducation et la santé grâce à l'électrification des écoles et des cliniques. Les impacts économiques augmentent à mesure que croît la disponibilité de l'électricité en tant qu'intrant stratégique des industries et services. Elle se traduira à long terme par une amélioration du développement humain et une transformation des économies de l'ASS. Le rythme et l'ampleur de ces impacts dépendent des conditions initiales et de la vitesse avec laquelle les facteurs complémentaires sont mis en place.

L'électrification de l'Afrique ne peut être dissociée des facteurs complémentaires qui contribuent à la réalisation de son impact. La combinaison de facteurs complémentaires diffère selon les pays, et peut présenter des opportunités différentes au sein même des pays. Certains de ces facteurs peuvent prendre du temps pour se mettre en place afin de réaliser pleinement les avantages. La perspective de la planification doit, par conséquent, être orientée vers une construction à plus long terme de l'économie.

Une considérable littérature économique a cherché à mesurer l'impact de l'accès à l'électricité dans divers contextes. Au niveau macroéconomique, des études régionales et nationales révèlent des effets positifs sur la croissance, la productivité et l'emploi. Des recherches montrent que les infrastructures électriques ont un effet important sur la croissance à long terme en Afrique (Estache, Speciale et Veredas, 2005, par exemple), avec une relation similaire au niveau national au Nigeria (Ayogu, 1999). Escribano, Guasch et Pena (2009) rapportent que la qualité de l'électricité a un effet significatif sur la productivité totale des facteurs dans 26 pays analysés en Afrique. Une étude des secteurs manufacturiers de 11 pays africains révèle que l'électricité a entraîné une croissance de l'emploi d'environ 2 % (Goedhuys et Sleuwaegen, 2010). D'autres études montrent que, à elle seule, l'électricité a peu, voire pas, d'impact et soutiennent que pour réaliser des gains de productivité, l'électrification doit s'accompagner de routes, de travaux de recherche et développement, et d'autres éléments (Mayer-Tasch, Mukherjee et Reiche, 2013).

Au niveau micro, des impacts sont observés dans l'éducation, la santé et l'autonomisation des femmes, pour n'en citer que quelques-uns. L'éducation en profite avec des écoles qui peuvent rester ouvertes plus longtemps et utiliser des appareils électroniques tels que des ordinateurs, qui contribuent à fidéliser les enseignants et à attirer les élèves.[1] L'éclairage domestique permet aux élèves d'étudier à la maison (GEI, 2008). Les améliorations dans la santé proviennent notamment de l'accès des cliniques à l'électricité, de la meilleure qualité de l'air respiré par les ménages grâce à une moindre utilisation du charbon de bois ou de la biomasse pour s'éclairer et cuisiner (Hutton *et al.*, 2006), d'une meilleure connaissance des principes de santé acquise grâce à un accès accru à la télévision, et de la possibilité de réfrigérer les aliments et les médicaments. Dans de nombreux pays, les femmes bénéficient de l'électrification qui facilite leurs tâches ménagères. L'électricité accroît également leur autonomisation en élargissant leur accès aux médias de masse (Haves, 2012) et en générant des opportunités d'emploi (Dinkelman, 2011).

Les différences dans les impacts mesurés ouvrent parfois un débat parmi les experts et décideurs politiques à propos de la nécessité d'électrifier les pays à faible revenu. Ce débat passe toutefois à côté du point fondamental que l'électricité n'est qu'un des facteurs critiques qui doivent interagir efficacement pour créer un environnement propice à l'amélioration des performances des entreprises et du bien-être des ménages. En conséquence, il n'est pas surprenant que les constatations varient selon les contextes, y compris le temps écoulé depuis l'électrification.

L'impact de l'accès à l'électricité est conditionné par la disponibilité d'autres services, appelés ici *facteurs complémentaires*. La question stratégique centrale n'est pas tant de quantifier l'impact de l'électrification sur l'économie que d'identifier les conditions dans lesquelles l'impact a le plus de chances d'être maximisé.

Ce chapitre met l'accent sur la nécessité d'accompagner les efforts d'électrification de facteurs et d'investissements complémentaires capables de favoriser les activités économiques modernes. Il examine la littérature et utilise les données récemment fournies par les enquêtes du Cadre multi-niveaux (MTF - *Multi-Tier Framework*) de la Banque mondiale, pour donner des indications sur les types de facteurs complémentaires associés aux impacts significatifs de l'accès à l'électricité.

La figure 5.1 représente le cadre conceptuel de ce chapitre. Il décrit l'accès à l'électricité comme un intrant nécessaire aux activités économiques modernes propices à une amélioration de la productivité et à une croissance des revenus. La réalisation de l'impact nécessite toutefois la présence d'autres conditions, désignées sous l'appellation plus large de *potentiel économique*. Ces conditions peuvent inclure différents niveaux de compétences, la disponibilité du financement, l'environnement des affaires, et l'accès aux marchés. Ces facteurs diffèrent d'un pays à l'autre et peuvent varier au sein d'un même pays. Lorsque la bonne combinaison de conditions est réunie, l'électrification peut générer davantage de croissance et d'emplois, qui à leur tour, entraînent une consommation accrue et un meilleur potentiel économique.

Ce chapitre aborde ces questions et fournit une orientation stratégique en commençant par examiner la littérature sur l'impact de l'électrification dans différents

Figure 5.1 Potentiel économique et électricité

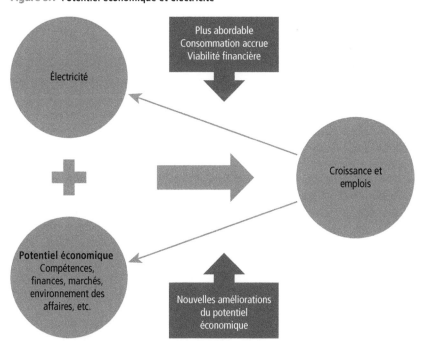

contextes afin d'identifier les facteurs facilitateurs. Il évalue les conditions dans lesquelles des impacts significatifs sont observés, notamment des effets hétérogènes, et tire des enseignements de la stratégie de Développement rural intégré (DRI) qui a dominé les politiques de développement des années 1970 et 1980. Ce chapitre utilise, en deuxième lieu, les données MTF nouvellement disponibles pour analyser la relation entre l'impact économique de l'accès à l'électricité et l'existence d'autres facteurs, notamment le niveau de capital humain, les autres infrastructures physiques, les services publics, et les opportunités économiques. Les facteurs complémentaires sont plus susceptibles d'être présents dans les régions où la population est déjà plus à l'aise, ainsi que dans les centres urbains et les zones industrielles. Ce fait constitue un défi pour la poursuite d'une croissance inclusive : comment ajouter plus de valeur à l'économie sans exclure les personnes vulnérables et démunies ? Il est également important de considérer cette analyse comme un moyen non seulement de cibler la fourniture d'électricité, mais aussi, et surtout de réfléchir à la façon de faire progresser les zones défavorisées en leur fournissant des facteurs complémentaires en plus de l'électrification. Enfin, ce chapitre présente des données qualitatives tirées du Sénégal sur le lien entre l'électrification et les activités génératrices de revenus, y compris dans des contextes ruraux.

Moteurs de l'impact de l'électricité : que nous apprend la littérature ?

La littérature s'est largement concentrée sur la quantification de l'impact de l'accès à l'électricité dans différents contextes. Elle ne fournit que peu d'indications sur les conditions dans lesquelles l'impact peut se réaliser. Certaines études abordent ce point, rarement en l'analysant, mais plutôt en débattant des conclusions, ou de leur absence, et en les rationalisant.

Pour l'évaluation de l'impact de l'électrification, d'importants problèmes de méthodologie découlent de l'autosélection. Les ménages les plus riches ont plus de chances d'être raccordés au réseau. Une corrélation brute entre l'accès à l'électricité et le revenu a, par conséquent, toutes les chances d'afficher une association positive sans indiquer dans quelle mesure l'électricité a contribué au résultat.

La considérable variation de l'impact mesuré de l'électricité sur les activités économiques peut en partie refléter ce problème. Une telle variation peut toutefois être contreproductive pour l'élaboration d'une politique saine, étant donné que les arguments avancés par les nombreux documents peuvent aller dans des sens très différents.

Données des examens systématiques récents

Les examens systématiques sont un moyen de synthétiser les conclusions de recherches et d'orienter les politiques. Les récents travaux du Groupe d'évaluation indépendante de la Banque mondiale, de l'Initiative internationale pour l'évaluation de l'impact, et de la Banque interaméricaine de développement ont produit de tels examens. Toutefois, même ces examens systématiques parviennent à des conclusions variables et fournissent peu d'indications sur les conditions dans lesquelles les impacts peuvent se réaliser.

Knox, Daccache et Hess (2013) rapportent peu de preuves de l'impact des infrastructures électriques sur la productivité agricole et les résultats en matière de pauvreté. Mathur, Oliver et Tripney (2015) suggèrent que l'accès à l'électricité a un impact globalement positif sur le revenu des ménages dans les secteurs agricole et non agricole. Jimenez (2017) constate que l'accès à l'électricité génère des gains substantiels au niveau de l'éducation, de la main-d'œuvre et des revenus, en particulier pour les femmes et les petites entreprises.

Knox, Daccache et Hess (2013) examinent les impacts sur la productivité agricole et la réduction de la pauvreté des investissements dans l'infrastructure, y compris dans l'accès à l'électricité. Dans leur examen, les pays africains représentent moins de 10 % des pays étudiés. Ils concluent qu'il existe peu de preuves de l'impact des infrastructures électriques sur la productivité agricole et les résultats en matière de pauvreté. Toutefois, sur les 16 % des études examinant ces résultats, 40 % ont trouvé des effets positifs significatifs des infrastructures électriques sur la productivité agricole et les résultats en matière de pauvreté. Les impacts sur les résultats en matière de pauvreté dominent ces données.

Mathur, Oliver et Tripney (2015) effectuent un examen systématique de l'impact de l'électricité sur la santé, l'éducation et le bien-être, comprenant 51 études réalisées dans 24 pays de trois continents, dont 14 pays africains. Cet examen montre que l'accès à l'électricité a des impacts positifs et significatifs sur les résultats éducatifs (temps d'étude, nombre d'années de scolarisation, et taux de scolarisation) et qu'ils sont plus importants dans les zones rurales que dans les zones urbaines. Concernant la génération de revenus, l'effet global estimé semble indiquer que, dans l'ensemble, l'accès à l'électricité a un impact positif sur le revenu des ménages des secteurs agricole et non agricole. Enfin, Mathur, Oliver et Tripney constatent que les données relatives aux impacts de l'électricité sur la santé, l'autonomisation des femmes, et les revenus et bénéfices des entreprises sont minces, et ils signalent la nécessité de poursuivre les recherches dans ces domaines.

Plus récemment, dans l'examen de 50 études d'évaluation d'impact publiées entre 1986 et 2015, Jimenez (2017) a passé en revue la littérature sur l'impact de l'électricité dans quatre continents (Afrique, Amérique du Nord, Amérique du Sud et Asie). Cet examen comprend 14 études sur l'Afrique. Elle observe des gains substantiels dus à l'électricité dans l'éducation, la main-d'œuvre et les revenus, en particulier pour les femmes et les petites entreprises. Toutefois, l'ampleur des impacts varie d'une étude à l'autre, nombre d'entre elles constatant des effets non significatifs. Jimenez (2017) suggère que l'absence de larges impacts peut être due à une exposition insuffisamment longue à l'électricité. L'examen montre que plus de 64 % des évaluations d'impact reposent sur une unique année d'exposition à l'électricité, ce qui rend difficile l'observation d'avantages de l'électrification, qui mettent souvent du temps à apparaître.

Cette littérature apporte des informations sur la valeur de l'électricité, mais fournit peu d'orientations de politiques pour la façon d'intégrer plus efficacement l'accès à l'énergie dans l'agenda général du développement.

Données tirées de récentes recherches en Afrique

De récentes études ont surmonté les obstacles méthodologiques majeurs et apporté certaines preuves de liens de cause à effets. Tout d'abord, Dinkelman (2011) examine les impacts de l'électrification rurale en Afrique du Sud et constate que l'accès à l'électricité améliore l'emploi, avec un effet particulier sur la participation des femmes au marché du travail. Les conclusions de cette étude suggèrent que, dans ce contexte, le renforcement des capacités des femmes et de leur accès aux actifs productifs pourrait entraîner des effets plus importants. Plus récemment, sur la base d'une étude expérimentale menée au Kenya, Lee, Miguel et Wolfram (2016) n'ont constaté aucun effet résultant d'un accès exogène à l'électricité du réseau. Dans le cadre d'une série d'hypothèses, ils estiment négatif l'effet net sur le bien-être. Bien que le document n'analyse pas directement les complémentarités, il soutient que l'absence de facteurs complémentaires (par exemple, les contraintes de crédit ou les infrastructures existantes) pourrait justifier les conclusions. Chaplin *et al.* (2017) évaluent les programmes d'extension du réseau financés par le *Millennium Corporation Challenge* par rapport à un large éventail de résultats. L'étude rapporte des impacts globalement modestes, avec une importante adoption par les entreprises et une augmentation de la part des utilisateurs du réseau parmi les ménages exerçant des activités génératrices de revenus. L'augmentation de 34 % de la valeur des terres est une observation notable de l'étude.

Dans le Rwanda rural, Lenz *et al.* (2017) démontrent que les impacts de l'électricité sur les activités des entreprises sont les plus visibles dans les communautés où le commerce était déjà florissant avant l'électrification. De même, sur la base d'un échantillon représentatif d'entreprises informelles de sept villes d'Afrique de l'Ouest, Grimm, Hartwig et Lay (2013) montrent que l'accès à l'électricité a un effet positif sur les micros et petites entreprises (MPE) du quintile de rentabilité supérieur. Ces conclusions suggèrent que les MPE devraient avoir franchi un seuil critique pour pouvoir bénéficier des effets positifs de l'accès à l'électricité. En outre, l'étude conclut que les MPE qui ne sont pas contraintes par le crédit tirent avantage de l'accès à l'électricité, suggérant ainsi que le crédit pourrait constituer un facteur complémentaire pour bénéficier des avantages de l'accès à l'électricité.

Grimm, Hartwig et Lay (2013) ne trouvent aucune preuve systématique du fait que l'accès à l'électricité augmente la performance des MPE. L'impact positif est clair et décisif sur le secteur de l'habillement, qui semble être le plus homogène. Le document souligne la nécessité de prendre en compte l'hétérogénéité du secteur informel. Pour l'échantillon plus homogène de tailleurs informels de Ouagadougou (Burkina Faso), le document observe une influence positive de l'accès à l'électricité sur les performances des MPE, qui encourage l'adoption de machines et d'opérations commerciales modernes. Dans ce sous-échantillon des tailleurs, le document constate que l'accès à l'électricité accroît considérablement le temps de travail et la possession de machines à coudre électriques. De même, Peters, Sievert et Vance (2013) mettent en évidence un effet positif conjoint du raccordement à l'électricité et du recours au microcrédit et aux services d'aide au développement des entreprises dans les zones périurbaines du Ghana.

Plusieurs études qualitatives explorent explicitement les complémentarités. Bernard (2010) examine la littérature sur l'électrification rurale en Afrique au cours des 30 dernières années. L'auteur reconnaît que, même si les paradigmes du développement des programmes d'électrification rurale ont considérablement évolué, les impacts de l'accès à l'électricité restent la plupart du temps non documentés et faibles. Il souligne que, pour éviter l'échec enregistré par les programmes d'électrification rurale précédents, l'électricité doit être considérée comme un intrant parmi d'autres dans les projets de développement. L'utilisation productive limitée de l'électricité en Afrique réduit l'aptitude des ménages à s'engager dans des projets d'électrification. De même, Kirubi (2006) examine les impacts de l'énergie moderne sur les activités productives dans les zones rurales du Kenya (village de Mpeketoni). Selon l'auteur, associé à un accès simultané aux marchés et à d'autres infrastructures (routes, communications et écoles), l'accès à l'électricité a clairement et indéniablement contribué à la forte croissance des microentreprises.

D'un point de vue plus large, axé sur le contexte africain et l'utilisation productive d'énergie, l'étude PRODUSE menée conjointement par l'Agence fédérale allemande pour la coopération internationale et le Programme d'assistance à la gestion du secteur énergétique (Mayer-Tasch, Mukherjee et Reiche, 2013) souligne les impacts de l'accès à l'électricité sur les micros et petites entreprises. PRODUSE montre que les secteurs manufacturiers et des services utilisent principalement l'électricité pour l'éclairage et la recharge des téléphones, et que l'adoption d'appareils électriques reste modeste. Même si une telle utilisation de l'électricité peut affecter la production, son impact sur la productivité et les bénéfices peut être limité. Les preuves fournies par l'étude PRODUSE soulignent l'absence de facteurs facilitateurs tels que la sensibilisation, l'accès au financement, les infrastructures publiques, et les services d'aide au développement des entreprises. Tous ces facteurs complémentaires sont vivement recommandés par l'étude PRODUSE pour maximiser les impacts de l'accès à l'électricité, en particulier en Afrique.

Mise en œuvre, séquençage et spécificité du contexte : enseignements tirés du développement rural intégré

Ce rapport invite à repenser les politiques d'électrification, et à passer d'une approche « isolée » à une approche plus coordonnée où l'électrification est complétée par des infrastructures de base et un accès à des services sociaux. L'approvisionnement en électricité devrait s'accompagner d'éléments tels qu'un accès au marché, des services financiers et des services publics pour garantir que les différents segments de l'économie locale fonctionnent efficacement pour engendrer un développement. Par exemple, une entreprise agroalimentaire qui obtient un accès à l'électricité aura encore besoin d'accéder aux marchés et aux financements pour créer des emplois.

Cette façon de penser peut rappeler la stratégie DRI qui a dominé la politique de développement dans les années 1970 et 1980. Le concept du DRI est né de la prise de conscience des professionnels du développement que, malgré la considérable aide au développement apportée à l'agriculture, la productivité restait relativement faible en raison de contraintes et de frictions existant au sein de l'économie rurale. Le DRI visait donc à traiter simultanément les contraintes des secteurs agricole et non agricole, entre autres la santé, l'éducation, l'accès aux marchés et les infrastructures (Baah-Dwomoh, 2016 ; Paul, 1998 ; Qadeer, Rashid et Babar, 1977 ; Ruttan, 1984). Les politiques de DRI n'ont toutefois pas réussi à produire les résultats escomptés, notamment à cause de facteurs tels que la complexité des projets, leur philosophie considérée comme bonne pour tous, le manque de participation locale, et l'environnement économique et politique défavorable (Baah-Dwomoh, 2016 ; Chase et Wilkinson, 2015).

Il existe des différences majeures entre le fait d'identifier des contraintes actives et de les traiter. Tout d'abord, le présent rapport ne préconise pas de stratégie « bonne pour tous » faisant fi de l'hétérogénéité existant au sein des pays et entre eux. Au contraire, il requiert des recherches plus spécifiques au contexte pour orienter les politiques avec plus de précision.

Ensuite, considérer l'électrification comme une condition nécessaire aux activités économiques modernes n'implique pas que la simultanéité des investissements soit nécessaire. Le présent rapport suggère plutôt qu'un séquençage est souhaitable, mais qu'il doit être éclairé par une analyse des facteurs complémentaires pour déterminer la bonne séquence ou les bonnes séries d'interventions.

Enfin, les investissements dans des facteurs complémentaires ne doivent pas être abordés de façon généralisée et dans toutes les communautés. Lorsqu'il se voit offrir de bons incitants, le secteur privé peut jouer un rôle essentiel en fournissant des investissements et des services auxiliaires qui compléteront l'approvisionnement électrique pour des impacts plus forts.

L'actuel modèle Client pilier-entreprise-communauté (ABC – *Anchor-Business-Community*) de l'électrification rurale est un bon exemple sur lequel s'appuyer pour susciter un impact supplémentaire en engageant le secteur privé à fournir des facteurs complémentaires ainsi qu'à investir dans l'électrification. L'approche ABC est un modèle d'affaires propre à l'électrification dans lequel les opérateurs prennent appui sur leurs clients *piliers* pour réduire le risque financier lié à l'extension du réseau électrique à des communautés rurales où la demande risque d'être faible et incertaine (Givens, 2016). Le fournisseur d'électricité identifie un client pilier dont la demande est élevée, afin d'assurer la viabilité financière de l'approvisionnement en électricité, que les entreprises locales demandent à des fins productives et dont les ménages de la communauté souhaitent obtenir les services de base. Ce modèle a été testé à titre pilote dans le village de Kabunyata, dans le district de Luwero en Ouganda, où une entreprise de télécommunications a été identifiée en tant que client pilier. Un groupe électrogène solaire a été mis à disposition pour approvisionner en électricité la tour de télécommunication mobile et alimenter les ménages et les petites entreprises du village (Kurz, 2014).

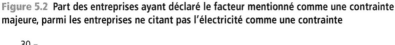

Identifier les facteurs complémentaires : Données MTF

Les enquêtes de la Banque mondiale auprès des entreprises font état de problèmes que celles-ci considèrent comme des obstacles majeurs à leur fonctionnement et à leur croissance. La figure 5.2 s'appuie sur l'enquête la plus récente menée dans les pays de l'Afrique subsaharienne[2] afin d'évaluer les problèmes que les entreprises signalent comme des contraintes majeures, en se concentrant sur

Figure 5.2 Part des entreprises ayant déclaré le facteur mentionné comme une contrainte majeure, parmi les entreprises ne citant pas l'électricité comme une contrainte

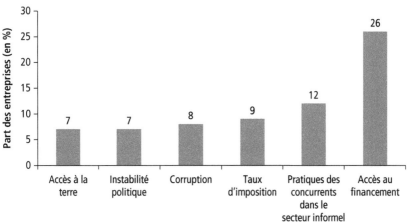

Source : Adapté de l'enquête de la Banque mondiale auprès des entreprises.

les entreprises qui n'ont pas mentionné l'électricité comme une contrainte. L'accès au financement et les limitations imposées au crédit sont de loin les contraintes les plus importantes.

L'analyse considère deux variables de résultat : la prévalence des emplois non agricoles rémunérés et une mesure du revenu du ménage par personne. La variable *emploi* est une variable nominale qui prend la valeur 1 si un membre du ménage occupe un emploi rémunéré dans le secteur non agricole.

Comme expliqué dans le chapitre 4, l'accès à l'électricité devrait mettre en avant l'importance de la fiabilité. Dans cette analyse, la variable *accès à l'électricité* implique l'accès à un approvisionnement fiable en électricité. Elle est conçue pour refléter la fiabilité et la disponibilité du service de l'électricité aux niveaux de la communauté et des ménages. Elle comprend la part des ménages bénéficiant d'un niveau d'accès 4 ou 5 (selon la classification MTF ; voir figures 3.17 et 4 A.1), la variation saisonnière du niveau de qualité de l'accès à l'électricité dans la communauté, le nombre de pannes imprévues de l'éclairage public, la durée des pannes, et une évaluation subjective du degré de satisfaction des résidents par rapport aux services du réseau électrique.

Sur base d'un examen de la littérature, l'analyse se concentre sur quatre facteurs complémentaires potentiels :

- premièrement, la variable *accès au marché* mesure l'existence d'un marché local ou l'accès à un marché extérieur où vendre des biens et services. Elle reflète la taille du marché local, l'accès par véhicule à la ville la plus proche à tout moment de l'année, l'existence d'un service de bus, la distance jusqu'au centre administratif du district ou de la ville la plus proche, et le degré de couverture de la communauté par un signal de téléphonie mobile,

- deuxièmement, la variable *accès au crédit* exprime dans quelle mesure les membres de la communauté peuvent emprunter des fonds pour financer des activités économiques. En raison de limitations des données, les variables de remplacement utilisées peuvent ne pas refléter cet objectif principal de façon adéquate. La variable combine l'existence de services bancaires dans la communauté (banque rurale, institution de microcrédit ou coopérative de crédit) et la part des ménages dont le chef de famille est titulaire d'un compte bancaire,

- troisièmement, la variable *compétences* est un indice reflétant le niveau moyen de compétence d'une communauté, qui peut donner une indication de l'aptitude à exercer diverses activités entrepreneuriales. Elle reflète la part de la population ayant au moins une éducation secondaire et l'existence d'écoles secondaires ou techniques et professionnelles,

- enfin, la variable *accès aux services publics* dans la communauté peut également jouer un rôle complémentaire central pour les initiatives entrepreneuriales. Bien que la bureaucratie de l'administration publique soit souvent considérée comme un obstacle aux activités commerciales, dans de nombreuses régions du pays, en particulier rurales, de nombreux services publics n'existent même pas. Cette variable reflète l'existence au sein de la communauté de services officiels de garde d'enfants, d'une école primaire, d'un dispensaire, d'un bureau de poste, d'un commissariat de police, et de services de vulgarisation agricole.

Examen des facteurs complémentaires : Données du Rwanda

Les données du Rwanda suggèrent que les compétences et l'accès à un marché ont des effets amplificateurs sur la création d'emplois non agricoles, tandis que l'accès à un marché, au crédit et aux services publics est plus important pour la génération de revenus. Ici, les revenus peuvent provenir d'emplois non formels, et il faut donc différencier les emplois rémunérés de la génération de revenus en général (tableau 5.1).

Comme attendu, l'analyse prouve que les facteurs complémentaires sont importants pour maximiser l'impact de l'accès à l'électricité sur la génération de revenus et l'emploi salarié dans le secteur non agricole. Pour ces deux résultats, l'accès aux marchés augmente les avantages de l'accès à l'électricité. Les conclusions suggèrent que l'accès aux marchés pourrait accroître le potentiel de développement des affaires, car il garantit l'interaction entre la production et la demande. À condition de bénéficier d'un approvisionnement fiable en électricité, un niveau de compétence plus élevé accroît les chances de trouver un emploi dans le secteur non agricole. De même, les services publics et l'accès au crédit favorisent la génération de revenus lorsqu'un accès fiable à l'électricité existe. Ces deux facteurs peuvent être considérés comme des moyens d'améliorer la possibilité de génération de revenus pour les ménages.

La figure 5.3 montre les effets marginaux d'un accès fiable à l'électricité, en fonction des niveaux de facteurs complémentaires. Dans chaque volet, la ligne rouge verticale représente la valeur médiane du facteur facilitateur. La ligne rouge horizontale représente le niveau non significatif des effets marginaux. Comme on peut le constater, des valeurs élevées de l'indice des

Tableau 5.1 Impacts de l'électricité : rôle des facteurs complémentaires

Facteurs complémentaires (sous réserve d'un accès fiable à l'électricité)	Emploi salarié dans le secteur non agricole	Revenu du ménage
Accès aux marchés	+	+
Compétences	+	Non
Services publics	Non	+
Accès au crédit	Non	+

Source : Estimations à l'aide des données du Cadre multi-niveaux 2017 pour le Rwanda.
Note : + indique des effets positifs et statistiquement significatifs.

Figure 5.3 **Effets marginaux de l'accès fiable à l'électricité en fonction des facteurs facilitateurs**

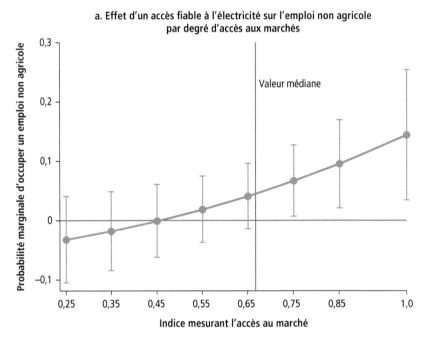

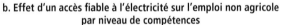

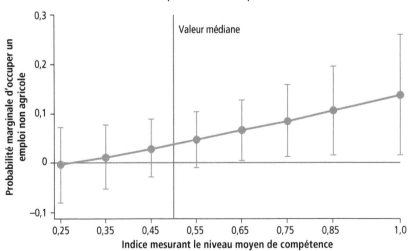

(suite page suivante)

Figure 5.3 (suite)

c. Effet d'un accès fiable à l'électricité sur le revenu des ménages par degré d'accès au marché

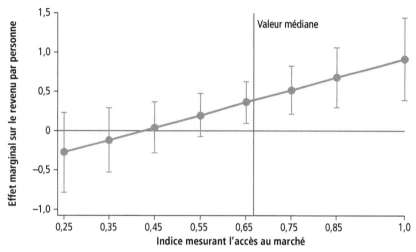

d. Effet d'un accès fiable à l'électricité sur le revenu des ménages par degré d'accès au crédit

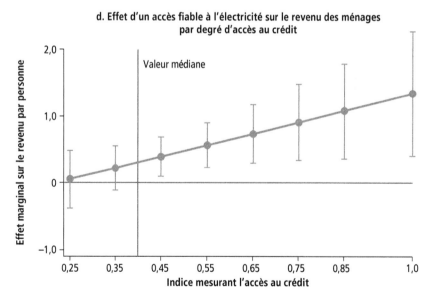

Source : Estimations à l'aide de données du Cadre multi-niveaux 2017 pour le Rwanda.

facteurs complémentaires accroissent l'effet marginal d'un accès fiable à l'électricité sur la génération de revenus et l'emploi salarié dans le secteur non agricole.

L'analyse du Rwanda permet de dégager trois grandes implications pour les politiques. Premièrement, pour produire des impacts plus importants, les projets d'électrification doivent veiller à ce que les communautés aient accès aux marchés. Deuxièmement, l'accroissement de l'accessibilité des communautés grâce à une meilleure qualité des infrastructures publiques (par exemple, les routes et les chemins de fer pour les transports) permet à ces communautés de tirer profit de l'électrification, en particulier dans les zones rurales. Troisièmement, il est nécessaire d'investir dans les compétences pour assurer la création d'emplois en dehors du secteur agricole et stimuler la transformation de l'économie.

Demande d'électricité pour des activités génératrices de revenus : Données qualitatives du Sénégal rural

Une enquête qualitative menée dans le Sénégal rural a montré que les ménages considèrent principalement l'accès à l'électricité comme un moyen d'améliorer leurs moyens d'existence économiques. Atteindre cet objectif requiert toutefois une formation professionnelle, un accès au crédit, et un marché sur lequel vendre ses produits.

Pour évaluer l'importance de l'électrification pour la génération de revenus et les priorités des ménages, une enquête qualitative a été menée dans plusieurs pays, y compris au sein de communautés des zones rurales du Sénégal, notamment deux villages essentiellement agricoles (Ndeuge et Mbissao). Des poteaux électriques existaient dans le village de Ndeuge, même si le village n'était pas raccordé au réseau. Le chef du village a déclaré que ces poteaux avaient été installés treize ans plus tôt en vue de l'arrivée imminente du réseau électrique, mais que le projet ne s'était jamais concrétisé. Le chef du village utilise une batterie de voiture pour alimenter sa petite télévision, recharger son téléphone portable et s'éclairer. À propos de l'accessibilité financière, le chef du village a déclaré avoir récemment payé une facture d'électricité de 120 000 Francs CFA (environ 220 USD) à la compagnie d'électricité. Il a également signalé qu'un ancien maire a réussir à faire raccorder au réseau électrique son village natal, situé non loin de Ndeuge. Les habitants de Ndeuge et des alentours ont mis leurs ressources financières en commun pour obtenir un raccordement de leurs fermes (mais pas de leurs résidences) à partir de ce village. L'électricité est utilisée pendant la saison sèche pour pomper l'eau dans les fermes, afin de cultiver des oignons, ce qui aide à générer des revenus.

La communauté de Ndeuge a récemment demandé à Senelec, la société nationale de l'électricité du Sénégal, un devis pour le raccordement de davantage de fermes. Le coût a été évalué par Senelec à environ 15 millions de francs CFA (environ 27 300 USD). Les membres de la communauté ne disposaient pas à ce moment des ressources financières nécessaires, mais ils se sont néanmoins déclarés fermement décidés à se raccorder au réseau aussi tôt que possible.

L'histoire est assez semblable pour le village de Mbissao, si ce n'est qu'elle se déroule dans l'ordre inverse. Les pouvoirs publics ont amené l'électricité dans la communauté, et de nombreux ménages y sont raccordés. Trois villages voisins ont mis leurs efforts en commun pour réunir la garantie exigée pour emprunter les 64 millions de francs CFA (environ 116 500 USD) requis pour étendre le réseau électrique jusqu'à leurs fermes. Le Crédit Mutuel du Sénégal leur a consenti un prêt de deux ans à un taux d'intérêt de 12 %. Les deux villages avaient déjà remboursé près de 80 % du prêt lorsqu'une inondation a interrompu leurs activités pendant cinq mois. Leur remboursement a alors pris un retard qui s'est traduit par une augmentation de leur taux d'intérêt à 25 %. Étonnamment, ils ne s'inquiètent pas pour le remboursement. Une fois celui-ci terminé, ils envisagent de contracter un nouveau prêt en vue d'autres activités génératrices de revenus, telles que l'élevage.

Les deux villages (Ndeuge et Mbissao) avaient besoin d'électricité pour les aider à générer des revenus. S'ils n'avaient pas pu accéder au crédit et à une formation adaptée, ils n'auraient toutefois pas pu saisir cette opportunité. Identifier et soutenir des communautés telles que celles-ci pourrait s'avérer le meilleur moyen d'étendre l'électrification d'une manière financièrement viable, tout en réalisant l'objectif de développement de création d'emplois et de croissance inclusive.

Au-delà de l'éclairage : Les solutions solaires hors réseau devraient principalement cibler les activités économiques

Pour de nombreuses communautés, les solutions hors réseau ont suscité l'espoir d'accéder plus rapidement à l'électricité. Elles sont toutefois principalement centrées sur l'éclairage et la recharge des téléphones portables, alors que la nécessité est d'améliorer les moyens d'existence économiques.

Une équipe de chercheurs de l'université de Columbia a analysé les expériences de quelques centaines de consommateurs d'électricité en Ouganda et au Mali. Pendant une longue période, ces clients ont été approvisionnés

24h/24 et 7j/7 en énergie solaire, au prix du marché. Cinq ans plus tard, les chercheurs ont constaté que la consommation d'énergie des ménages avait à peu près quadruplé. Toutefois, pour un sous-ensemble de ménages utilisant l'électricité pour des activités génératrices de revenus (entre 5 et 10 % des ménages), la consommation d'électricité avait été multipliée par 10 à 20 au cours de la même période. À travers cette expérience, les chercheurs ont voulu valider ce que devrait signifier l'accès à l'énergie : « une situation où on souhaite utiliser de l'électricité quand on veut et en ne payant que pour la quantité utilisée ».[3] Toute la difficulté est de parvenir à identifier et soutenir en amont ces entrepreneurs et à intégrer cette démarche dans la planification de l'électrification. À cet égard, la recherche peut éclairer les décideurs.

Les « fermes solaires partagées » sont une solution modulaire en microréseau permettant d'approvisionner en électricité un groupe de clients dont le raccordement au réseau n'est actuellement pas considéré comme financièrement viable. Cette solution a permis à des personnes de lancer des entreprises génératrices de revenus. La technologie fonctionne au Mali, en Ouganda et en Bolivie depuis 2010, 2011 et 2013, respectivement. Une autre constatation de l'étude est que la consommation d'énergie a régulièrement augmenté au cours des dernières années : la consommation mensuelle, qui s'élevait à 2,5 USD par ménage en 2011, a grimpé à près de 10 USD en 2013. Ces constatations indiquent une forte volonté de payer des ménages lorsque les revenus augmentent. Les chercheurs sont toutefois d'avis que, compte tenu de la capacité et du niveau actuel de la technologie solaire, la génération d'activités très productives dans le futur nécessiterait de passer à un approvisionnement électrique par le réseau.

Les résultats de l'étude de l'université de Columbia indiquent que l'électrification hors réseau peut offrir des opportunités économiques aux communautés rurales. Un autre bon exemple est l'investissement dans l'électricité solaire hors réseau pour le pompage d'eau d'irrigation à Gabbar, au Sénégal (encadré 5.1). Chaque ménage consommateur d'énergie solaire était disposé à payer 0,50 USD/kW et l'utilisait pour cultiver des produits agricoles de valeur tels que les oignons et les carottes. L'énergie solaire n'aurait pas été financièrement viable si les ménages l'avaient utilisée pour cultiver du riz ou des produits agricoles de moindre valeur.

ENCADRÉ 5.1

Électricité solaire et cultures de contre saison : l'expérience de Gabbar au Sénégal

Gabbar (Sénégal) est l'une des communautés qui ont bénéficié d'une expérience menée par l'université de Columbia. Les habitants ont mis en place un comité de gestion chargé de veiller au bon fonctionnement des installations solaires au bénéfice de la communauté. Les membres de ce comité se sont déclarés très satisfaits de la technologie et des importants changements apportés à leurs moyens d'existence. L'un de ces changements a été le fait que beaucoup ne cultivent plus pendant la saison des pluies, avec toutes les difficultés que celle-ci engendre, notamment l'imprévisibilité des précipitations. Au lieu de cela, ils pompent l'eau et pratiquent une agriculture de contre saison avec nettement plus de maîtrise.

La communauté a déclaré avoir versé une certaine partie de ses revenus sur un compte destiné à payer l'entretien des installations et à rémunérer un employé pour leur surveillance. Les ressources supplémentaires générées devaient être utilisées pour des projets bénéficiant à l'ensemble de la communauté, y compris aux résidents ne possédant pas de ferme. Ils espéraient que la technologie pourrait être étendue, étant donné que seules 21 familles y avaient accès. Ils prévoyaient d'utiliser leurs économies pour acquérir des systèmes supplémentaires afin d'approvisionner leurs voisins exclus du dispositif. Les habitants ne bénéficiant pas d'un accès au service ont été désignés pour gérer les recettes. Le fait que des personnes extérieures à la communauté ont sélectionné les habitants appelés à avoir accès au dispositif a aidé à éviter les conflits, mais pas un sentiment de culpabilité de ces bénéficiaires à l'égard des habitants exclus du processus. Tous ont fourni des terres ou du travail (par exemple en creusant) pour contribuer à mettre le système en place.

La technologie a toutefois connu certains problèmes. Chaque champ disposait d'un groupe électrogène de secours fonctionnant à l'huile pour fournir l'eau le matin avant le lever du soleil. Jusqu'à 10 heures du matin, l'énergie solaire ne permettait d'irriguer que deux des sept fermes, et l'utilisation du générateur était nettement plus onéreuse que l'énergie solaire. Un autre problème était la réparation en cas de panne. Lorsque le fusible a grillé, il a fallu une semaine pour le réparer, car on a dû en faire venir un nouveau de Dakar et trouver un technicien qualifié en dehors de la communauté, pour le remplacer. Si la même chose devait se produire aujourd'hui, le délai serait moins long, car certains membres de la communauté suivent des formations pour apprendre à résoudre des problèmes mineurs. Les réparations pourraient néanmoins prendre encore plusieurs jours, et les cultures ne peuvent pas rester très longtemps non irriguées, sans une perte importante de productivité.

Conclusion

La littérature consacrée à la quantification de l'impact de l'accès à l'électricité est souvent propre à un contexte et dépend du degré de contrainte que l'électricité fait peser sur l'activité économique. La principale question de politiques n'est pas seulement de quantifier l'impact de l'électrification sur l'économie, mais plutôt d'identifier les conditions dans lesquelles les impacts ont le plus de chances d'être maximisés. Les recherches futures devraient chercher à identifier les facteurs complémentaires minimum dans divers contextes.

Notes

1. Une étude sur les écoles honduriennes indique que la scolarisation a chuté en raison des nouvelles opportunités d'emploi générées par l'électrification (Squires, 2015).
2. Ces pays comprenaient l'Afrique du Sud (2007), l'Angola (2010), le Bénin (2009), le Botswana (2010), le Burkina Faso (2009), le Burundi (2014), le Cameroun (2009), le Cap-Vert (2009), la Côte d'Ivoire (2009), Djibouti (2013), l'Érythrée (2009), l'Eswatini (2006), l'Éthiopie (2015), le Gabon (2009), la Gambie (2006), le Ghana (2013), la Guinée (2006), la Guinée-Bissau (2006), le Kenya (2013), le Lesotho (2009), le Libéria (2009), le Malawi (2014), le Mali (2010), la Mauritanie (2014), Maurice (2009), le Mozambique (2008), la Namibie (2014), le Niger (2009), le Nigeria (2014), l'Ouganda (2013), la République centrafricaine (2011), la République démocratique du Congo (2013), la République du Congo (2009), le Rwanda (2011), le Sénégal (2014), la Sierra Leone (2007), le Soudan (2014), le Soudan du Sud (2014), la Tanzanie (2013), le Tchad (2009), le Togo (2009), la Zambie (2013) et le Zimbabwe (2011).
3. Center for Global Development, Événements publics, « Energy for Economic Prosperity: A Conversation with Donald Kaberuka and the Energy Access Targets Working » https://www.cgdev.org/event/energy-economic-prosperity-conversation -donald-kaberuka-and-energy-access-targets-working.

Références bibliographiques

Ayogu M. 1999. *Before Prebendalism: A Positive Analysis of Core Infrastructure Investment in a Developing Fiscal Federalism*. African Development Review 11 (2) : 169–98.

Baah-Dwomoh J. K. 2016. Document d'information pour le rapport *African Transformation Report 2016 : Transforming Africa's Agriculture*. Développement rural intégré en Afrique. Washington, DC : Institut de recherche de la JICA, Agence de coopération internationale du Japon.

Bernard T. 2010. "Impact Analysis of Rural Electrification Projects in Sub-Saharan Africa". *World Bank Research Observer* 27 (1) : 33-51.

Chaplin D. A., A. Mamun, A. Protik, J. Schurrer, D. Vohra, K. Bos, H. Burak, L. Meyer, A. Dumitrescu, C. Ksoll et T. Cook. 2017. "Grid Electricity Expansion in Tanzania by

MCC: Findings from a Rigorous Impact Evaluation". Millennium Challenge Corporation, Princeton, NJ.

Chase S. et E. Wilkinson, 2015. "What Happened to Integrated Rural Development?" The Hunger Project, Washington, DC. https://advocacy.thp.org/2015/08/11/what -happened-to-integrated-rural-development.

Dinkelman T. 2011. "The Effects of Rural Electrification on Employment: New Evidence from South Africa". *American Economic Review* 101 (7) : 3078-108. http://www .aeaweb.org/articles.php?doi=10.1257/aer.101.7.3078.

Escribano A., J. L. Guasch et J. Pena. 2010. "Assessing the Impact of Infrastructure Quality on Firm Productivity in Africa: Cross-Country Comparisons Based on Investment". Document de recherche sur les politiques 5191, Banque mondiale, Washington, DC.

Estache A., B. Speciale et D. Veredas. 2005. "How Much Does Infrastructure Matter to Growth in Sub-Saharan Africa?" Banque mondiale, Washington DC.

GEI (Groupe d'évaluation indépendante). 2008. *The Welfare Impact of Rural Electrification: A Reassessment of the Costs and Benefits.* Washington, DC : Banque mondiale.

Givens R. 2016. "The Anchor-Business-Community Model for Rural Energy Development: Is It a Viable Option?" Mémoire de maîtrise, université de Duke, Durham, NC.

Goedhuys M. et L. Sleuwaegen. 2010. "High-Growth Entrepreneurial Firms in Africa: A Quantile Regression Approach". Small Business Economics 34 (1) : 31-51.

Grimm M., R. Hartwig et J. Lay. 2013. *"Electricity Access and the Performance of Micro and Small Enterprises: Evidence from West Africa".* European Journal of Development Research 25 (5) : 815-29.

Haves E. 2012. "Does Energy Access Help Women? Beyond Anecdotes: A Review of the Evidence". Rapport, Ashden, Londres.

Hutton G., E. Fehfuess, F. Tediosi et S. Weiss. 2006. *Evaluation of the Costs and Benefits of Household Energy and Health Interventions at Global and Regional Levels.* Genève : Organisation mondiale de la santé.

Jimenez R. 2017. "Development Effects of Rural Electrification". Note d'orientation de la BID, Banque interaméricaine de développement, Washington, DC.

Kirubi C. 2006. "How Important Is Modern Energy for Microenterprises? Evidence from Rural Kenya". Mémoire de maîtrise, université de Californie, Berkeley. http://rael .berkeley.edu/files/2006/Kirubi-MS-Paper-2006.pdf.

Knox J., A. Daccache et T. Hess. 2013. "What Is the Impact of Infrastructural Investments in Roads, Electricity, and Irrigation on Agricultural Productivity?" Examen CEE 11-007, Collaboration for Environmental Evidence. https://assets.publishing.service.gov.uk /media/57a08a0840f0b652dd00051a/CEE11-007_SystematicReview.pdf.

Kurz K. 2014. "The ABC-Modell Anchor Customers as Core Clients for Mini-Grids in Emerging Economies". Agence fédérale allemande pour la coopération internationale, Berlin.

Lee K., E. Miguel et C. Wolfram. 2016. "Appliance Ownership and Aspirations among Electric Grid and Home Solar Households in Rural Kenya". Document de travail 21949, National Bureau of Economic Research, Cambridge, MA.

Lenz L., A. Munyehirwe, J. Peters et M. Sievert. 2017. "Does Large-Scale Infrastructure Investment Alleviate Poverty? Impacts of Rwanda's Electricity Access Roll-Out Program". *World Development* 89 (janvier) : 88-110.

Mathur K., S. Oliver et J. Tripney. 2015. "Access to Electricity for Improving Health, Education, and Welfare in Low- and Middle-Income Countries: A Systematic Review". The Campbell Collaboration, Oslo.

Mayer-Tasch L., M. Mukherjee et K. Reiche, éd. 2013. *Productive Use of Energy– PRODUSE: Measuring Impacts of Electrification on Small and Micro-Enterprises in Sub-Saharan Africa. Programme d'assistance à la gestion du secteur énergétique.* Eschborn, Allemagne : Deutsche Gesellschaft für Internationale Zusammenarbeit (GIZ) GmbH. https://www.esmap.org/sites/esmap.org/files/ESMAP_GIZ_BMZ _AEI_PRODUSE_Study_FullText_Optimized_0.pdf.

Paul S. 1998. The Performance of the Integrated Rural Development Program in India: An Assessment. *Developing Economies* 36 (2) : 117-31.

Peters J., M. Sievert et C. Vance. 2013. "Firm Performance and Electricity Usage in Small Manufacturing and Service Firms in Ghana". Dans *Productive Use of Energy– PRODUSE: Measuring Impacts of Electrification on Small and Micro-Enterprises in Sub-Saharan Africa,* sous la direction de Lucius Mayer-Tasch, Mohua Mukherjee et Kilian Reiche. Eschborn, Allemagne : Deutsche Gesellschaft für Internationale Zusammenarbeit (GIZ) GmbH. http://produse.org/imglib/downloads/PRODUSE _study/PRODUSE%20Study_Case%20Study%20Ghana.pdf.

Qadeer M. A., M. Rashid et I. Babar. 1977. "An Evaluation of the Integrated Rural Development Programme". Monographie dans the Economics of Development 19, Pakistan Institute of Development Economics, Karachi. https://opendocs.ids.ac.uk /opendocs/bitstream/handle/123456789/2066/Monographs19-224155. pdf?sequence=1.

Ruttan V. W. 1984. "Integrated Rural Development Programmes: A Historical Perspective". *World Development* 12 (4) : 393-94. https://www.sciencedirect.com /science/article/pii/0305750X84900172/pdf?md5=1ceff13a8cb6e7c110ef90af386f345 1&pid=1-s2.0-0305750X84900172-main.pdf&_valck=1.

Squires T. 2015. "The Impact of Access to Electricity on Education: Evidence from Honduras". Non publié.

Chapitre 6

La voie à suivre : conclusions et recommandations

L'Afrique subsaharienne (ci-après dénommée Afrique ou ASS) est confrontée à d'importants défis dans l'élargissement de l'accès à l'électricité et l'amélioration de sa fiabilité. Quatre grandes tendances prévalent dans la région, qui auront des répercussions majeures sur sa manière de relever ces défis :

- premièrement, le changement climatique impose un compromis entre ce que certains analystes considèrent comme l'option la moins chère, à savoir un statu quo des carburants fossiles, et une évolution plus réfléchie vers les énergies renouvelables. Ce compromis affecte également le type d'accès à l'électricité et la consommation de celle-ci, ainsi que ses utilisations productives potentielles,

- deuxièmement, la baisse des prix de la technologie solaire, notamment des mini-réseaux et des systèmes permettant un accès de niveaux 4 et 5, affectera la planification spatiale de l'électrification par le réseau, surtout en zone rurale[1],

- troisièmement, la rapide urbanisation de l'Afrique peut avoir un impact substantiel sur la manière de penser l'expansion du réseau. À l'inverse, l'électrification peut contribuer à ralentir l'exode rurale en permettant le développement de villes secondaires,

- quatrièmement, une coopération régionale accrue, notamment dans le cadre de pools énergétiques régionaux, peut réduire les coûts d'investissement, si la volonté politique nécessaire existe pour faciliter le commerce energetique entre pays.

Ces tendances exigeront que les différents intervenants se projettent dans le futur et planifient leur démarche avec soin.

La Figure 6.1 présente un cadre conceptuel pour les rôles des différents intervenants et les actions susceptibles de contribuer à accélérer l'accès à l'électricité. La clé de voûte de cet effort est la nécessité pour les États de mettre en place les conditions réglementaires capables d'attirer l'investissement dans tous les

Figure 6.1 Rôle des intervenants et mesures visant à accélérer l'accès à l'électricité

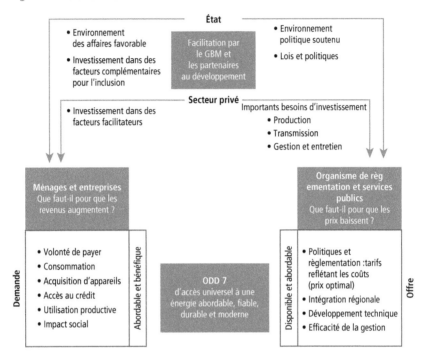

Note : GBM = Groupe de la Banque mondiale ; ODD = Objectif de développement durable.

domaines du secteur, notamment la production, l'infrastructure de transport, la distribution et la gestion de l'exploitation.

Le secteur privé a un rôle à jouer pour combler les déficits d'investissement dans le secteur de l'électricité et, pour accroître l'efficacité, des investissements devront également être consentis dans des facteurs complémentaires (encadré 6.1). Les États doivent coordonner les actions pour attirer l'investissement privé vers les facteurs facilitateurs qui aideront les consommateurs à utiliser l'électricité de manière à obtenir un impact positif sur l'économie et leurs vies. Cela peut comprendre un approfondissement du secteur financier ou des infrastructures, telles que des routes reliant les grandes villes et permettant aux communautés d'avoir accès aux marchés et aux grands centres urbains. Certains de ces facteurs complémentaires peuvent toutefois ne pas toujours être attrayants pour les investisseurs privés, ou relever des prérogatives de l'État, comme, par exemple, l'appui, la mécanisation et la modernisation des souvent vastes économies informelles ou encore l'investissement dans les compétences.

ENCADRÉ 6.1

Comment le Ghana est-il parvenu à une adoption élevée ?

L'expérience du Ghana démontre la nécessité de faire des efforts du côté de la demande tout en s'attaquant à la dimension de l'offre. Entre 1989 et 1991, le Ghana a entrepris une Étude nationale de la planification de l'électrification prenant en considération toutes les options d'électrification possibles, y compris les solutions réseau et hors réseau, ainsi que celles fondées sur les énergies renouvelables (biomasse, solaire, éolien et petite hydroélectricité). Cet effort a débouché sur un plan directeur de 30 ans (1990 à 2020) comportant six phases de mise en œuvre de cinq ans chacune. Le Plan national d'électrification visait à raccorder au réseau national toutes les communautés de plus de 500 habitants, dans le cadre de l'objectif global d'un accès universel en 2020. À l'époque, le Ghana comptait 4 221 communautés de plus de 500 habitants, dont seules 478 avaient accès à l'électricité.

Plusieurs initiatives liées à la demande ont été lancées pour stimuler l'adoption. Les frais de raccordement ont été réduits et les autorités ont lancé un programme complémentaire dénommé *Self-Help Electrification Program* (SHEP – programme d'électrification associant la population) pour accélérer le processus en électrifiant les villes et villages prêts à s'aider eux-mêmes. SHEP est un programme d'électrification glissant sur trois à cinq ans, visant les communautés dont le raccordement immédiat au réseau national n'est pas programmé, mais qui sont situées à moins de 20 km d'une ligne à moyenne tension existante (réseau de 11 ou 33 kilovolts convenant à une extension ultérieure). Dans ce cadre, les communautés aident l'opérateur d'électricité à réduire ses coûts en érigeant des poteaux de distribution basse tension de manière à ce qu'au moins 30 % des ménages de la communauté soient câblés et prêts à être desservis dès que l'alimentation électrique sera disponible. Les communautés effectuent ce travail sous la houlette d'un comité villageois d'électrification, responsable de la mobilisation de fonds, de l'établissement des droits de passage, et de l'assistance aux ménages pour le câblage de leurs logements.

En 2000, une composante supplémentaire d'octroi de crédit pour des utilisations de l'électricité génératrices de revenus a été ajoutée, afin d'accroître la consommation et d'assurer la viabilité de la compagnie d'électricité. Le même mécanisme de crédit a récemment été utilisé pour aider les ménages à payer leur câblage. Pour rendre l'électricité plus abordable pour les consommateurs résidentiels, un tarif de subsistance a été fixé pour les personnes consommant moins de 50 kilowattheures par mois.

En 2005, le taux d'accès atteignait 54 % et 3 026 villes et communautés étaient électrifiées. En outre, les rapides progrès du Ghana dans la réduction de la pauvreté semblent corrélés avec la progression de l'accès à l'électricité dans le pays, allégeant ainsi potentiellement les problèmes d'accessibilité financière. Selon les données des Indicateurs du développement dans le monde de la Banque mondiale, le Ghana a connu une forte baisse du taux de pauvreté, de près de 50 % dans les années 1990 à 14 % en 2012 (Figure B6.1.1).

(suite page suivante)

Figure B6.1.1 **Ghana : Accès à l'électricité et évolution du taux de pauvreté**

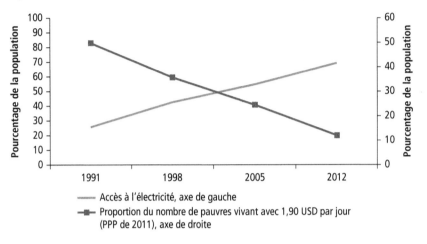

Sources : Indicateurs du développement dans le monde.
Note : PPP = parité des pouvoirs d'achat.

Les partenaires au développement peuvent, si nécessaire, jouer un rôle crucial en aidant à faciliter l'interaction entre les investisseurs privés et les pouvoirs publics, depuis la fourniture d'une assistance technique à la planification de l'électrification jusqu'à l'appui à la mise en place du bon environnement réglementaire, et depuis la fourniture d'un financement concessionnel jusqu'à l'atténuation des risques liés à la sécheresse, aux chocs des prix pétroliers et aux conflits. Cet effort concerté devrait faire baisser les prix de l'électricité et augmenter les revenus des ménages, rendant l'accès plus abordable pour une part plus importante de la population, à des tarifs reflétant les coûts pour assurer la viabilité financière des compagnies d'électricité.

Principales implications pour les politiques

L'électrification doit être centrée sur l'économie et soucieuse de l'équité. Se concentrer sur le renforcement des capacités économiques des communautés est la meilleure manière de progresser plus rapidement, tout en tenant compte des grands défis sectoriels (manque d'accessibilité financière, faible consommation, viabilité financière des services publics, etc.) Il faut toutefois maintenir l'équité entre les zones urbaines et rurales. L'écart d'accès entre elles est trop important pour être rationalisé, parce que de nombreuses zones rurales ont un potentiel économique élevé – en particulier agricole (par exemple, cultures de contre-saison et transformation de produits agricoles à valeur ajoutée) – qui doit être exploré, identifié et ciblé en suivant le même principe de facilitation et d'amélioration des capacités économiques des communautés. Cela a plusieurs implications primordiales pour les politiques concernant la stimulation de l'accès, l'augmentation de l'adoption, l'amélioration de la fiabilité et l'accroissement des impacts.

- *Reconnaître que l'électrification est un investissement à long terme et un intrant nécessaire à une transformation économique durable.* Les plans pour l'augmentation de l'accès ne doivent pas être évalués que sur la base des avantages à court terme. Les pays africains ont insuffisamment investi dans l'électricité, même si, dans beaucoup d'entre eux, les rentes tirées des ressources naturelles pourraient constituer une source essentielle de financement de l'électrification. Les avantages à court terme de l'électrification ont peu de chances de couvrir les coûts de développement dans l'immédiat, mais à long terme, l'électrification est un investissement critique pour un progrès économique durable. Retarder l'électrification a un coût d'opportunité élevé, car le manque d'électricité empêche l'adoption des technologies modernes et diminue la qualité de la prestation des services de santé et d'éducation ainsi que de nombreux services de l'État. Ce retard peut également affecter défavorablement l'évolution de l'urbanisation. Il est donc nécessaire de trouver des moyens de financer les coûts initiaux de l'électrification, qui ne seront couverts qu'à long terme. L'électrification peut donc être considérée comme un moyen cohérent dans le temps d'épargner ou d'investir pour les générations futures.

- *Lever les contraintes liées à la demande à toutes les étapes du processus d'électrification.* Pour accroître l'adoption, il est essentiel de lever les contraintes liées à la demande. Les ménages africains n'ont généralement pas les moyens pour payer les frais de raccordement et des tarifs de consommation élevés, parce qu'ils ne disposent pas d'un revenu suffisant et régulier. Ils sont également confrontés à d'autres contraintes liées à la demande, telles que la qualité médiocre des logements et les coûts du câblage intérieur, sans compter l'inaptitude à s'offrir des appareils. Bon nombre de ces contraintes peuvent être et ont été résolues par le déploiement de technologies telles que des compteurs intelligents, la souplesse de paiement, et des tableaux électriques prêts à l'emploi pour contourner les exigences de qualité des logements. Il est toutefois important de reconnaître que ces contraintes sont souvent des symptômes plutôt que des causes profondes du déficit d'accès à l'électricité. S'attaquer aux causes nécessitera de se concentrer sur l'amélioration des impacts économiques, ce qui impose au minimum de considérer les points suivants :

  - *cibler et promouvoir les utilisations productives* pour que l'électrification augmente les revenus des ménages, contribue à la viabilité financière des compagnies électriques grâce à une consommation accrue, améliore la capacité à payer des ménages, et alimente les finances publiques avec l'impôt pour permettre un réinvestissement. Ces objectifs requièrent toutefois de la fiabilité et la fourniture de facteurs complémentaires,

– *accorder la priorité à la fiabilité* chaque fois qu'un accès est fourni, parce que cette fiabilité est essentielle pour que l'approvisionnement en électricité parvienne à s'autofinancer. Le taux d'accès ne doit pas être l'unique mesure du progrès, parce que l'accès universel peut ne pas tenir pleinement ses promesses si la *qualité* et la *fiabilité* restent médiocres et une contrainte grave pour les économies africaines et les moyens de subsistance de leurs populations,

– *se coordonner avec d'autres secteurs pour profiter de complémentarités* et de la fourniture d'intrants complémentaires aux activités économiques productives. Par exemple, la coordination avec des initiatives de développement (telles que des investissements dans l'infrastructure routière, l'accès au financement, le développement des compétences, la fourniture de services publics) pourrait donner des indications sur les endroits où amener l'électricité en priorité et amplifier ainsi son impact économique. La technologie, notamment la cartographie à l'aide de systèmes d'information géographique (SIG), peut être exploitée pour améliorer la planification géospatiale du déploiement de l'électrification.[2]

• *Tirer profit des rapides avancées technologiques récentes pour fournir un éventail de formes de services électriques pour répondre aux besoins de base et promouvoir stratégiquement les utilisations productives.* Les solutions solaires autonomes fournissent des services tels que l'éclairage, la recharge des téléphones portables, et l'alimentation d'appareils de faible capacité. Les pays cherchant à atteindre ces objectifs plus rapidement et de manière rentable n'ont pas besoin d'attendre l'expansion du réseau. D'autres progrès technologiques seront toutefois nécessaires pour assurer des utilisations productives, telles que les cultures de contre-saison, la transformation de produits agricoles à valeur ajoutée, et la promotion de nouvelles petites entreprises (coiffeurs, établissements de restauration, tailleurs, etc.).

• *Repenser les stratégies de l'État pour le secteur en se fondant sur les principes fondamentaux susmentionnés et mieux comprendre les principales mégatendances susceptibles d'affecter le déploiement de l'électrification.* L'expérience d'autres régions indique que la clé de voûte d'un déploiement de l'électrification réussi est la préparation et la mise en pratique, dans chaque pays, d'une stratégie nationale d'électrification abordant de manière systématique et coordonnée les aspects institutionnels, techniques et financiers de l'électrification. Selon une étude récente (Banque mondiale, 2017), sur 35 pays d'Afrique, seule la moitié dispose d'un plan d'électrification officiellement approuvé. Un cadre réglementaire adapté contribue également à attirer les investissements pour combler le déficit de financement public. Et pourtant, huit des dix pays les moins performants en ce qui concerne ce cadre réglementaire sont africains, soulignant la nécessité d'une réforme institutionnelle et d'un renforcement des capacités humaines et financières. En outre, à l'époque actuelle et dans le contexte des pays africains, les mégatendances susceptibles d'affecter l'efficacité des efforts d'électrification doivent être prises en compte : *l'urbanisation, l'évolution technologique,* et l'*intégration régionale,* ainsi que *le changement climatique.* Une considérable incertitude plane sur l'évolution de ces facteurs et leur calendrier, ce qui complique la planification de l'électrification. Tous les efforts de planification et de développement du secteur de l'électricité doivent prendre en compte l'étendue et l'impact de ces tendances.

Notes

1. En outre, des innovations telles que les compteurs intelligents, les réseaux intelligents, le stockage distribué et l'analyse de données pourraient réduire les coûts et, donc, les besoins d'investissement.
2. Appui basé sur un SIG pour le Rapport sur l'accès à l'énergie : https://collaboration. worldbank.org/content/usergenerated/asi/cloud/attachments/sites/collaboration -for-development/en/groups/energyaccess/documents/jcr:content/content /primary/blog/_2012_euei_pdf_ghan-Q6Ck/-2012-EUEI-PDF-Ghana-GIS-based -support-for-Energy-Access-Report.pdf.

Référence bibliographique

Banque mondiale. 2017. *Regulatory Indicators for Sustainable Energy.* Washington, DC : Banque mondiale.